Curso Prático de

Argumentação Jurídica

Felipe Dutra Asensi

Curso Prático de Argumentação Jurídica

Fechamento desta edição: 04 de janeiro de 2010

ELSEVIER

CAMPUS
JURÍDICO

Copidesque: Marcelo Dias Almada
Revisão Gráfica: Pamela Andrade
Editoração Eletrônica: Tony Rodrigues

Elsevier Editora Ltda.
Conhecimento sem Fronteiras
Rua Sete de Setembro, 111 — 16º andar
20050-006 — Rio de Janeiro — RJ

Rua Quintana, 753 - 8º andar
04569-011 - Brooklin - São Paulo - SP

Serviço de Atendimento ao Cliente
0800 026 53 40
sac@elsevier.com.br

ISBN: 978-85-352-3736-8

Nota: Muito zelo e técnica foram empregados na edição desta obra. No entanto, podem ocorrer erros de digitação, impressão ou dúvida conceitual. Em qualquer das hipóteses, solicitamos a comunicação à nossa Central de Atendimento, para que possamos esclarecer ou encaminhar a questão.
Nem a editora nem o autor assumem qualquer responsabilidade por eventuais danos ou perdas a pessoas ou bens, originados do uso desta publicação.

Cip-Brasil. Catalogação-na-fonte
Sindicato Nacional dos Editores de Livros, RJ

A846c

Asensi, Felipe Dutra
Curso prático de argumentação jurídica / Felipe Dutra Asensi. - Rio de Janeiro : Elsevier, 2010.

Inclui bibliografia
ISBN 978-85-352-3736-8

1. Oratória forense. 2. Direito - Linguagem. 3. Retórica. I. Título.

09-6488. CDU: 340.12

Para a minha mãe

Em memória dos eternos amigos
Crispim Elias e João Alexandre Rangel de Carvalho

O reconhecimento da ignorância é o
princípio da sabedoria (Sócrates)

Agradecimentos

ESTE LIVRO JAMAIS poderia ser escrito sem um processo de construção conjunta. Trata-se de um livro construído ao longo de alguns anos, sendo amplamente discutido e aprofundado nos encontros que tive com meus alunos e com meus colegas, aos quais sempre serei grato pelas críticas e sugestões.

Em termos acadêmicos, este livro é tributário de uma série de pessoas que contribuíram para a minha formação intelectual. Por sorte, e por acaso, tive a oportunidade de conhecer diversos acadêmicos que influenciaram direta ou indiretamente as minhas concepções sobre argumentação jurídica. Realizo especial agradecimento aos seguintes: Delton Meirelles, Cláudio Pereira de Souza Neto, Roberto Fragale, Alexandre Veronese, Silvana Miceli, Aspásia Camargo, Roseni Pinheiro, Felipe Machado, Thamy Pogrebinschi, Luiz Werneck Vianna, Frédéric Vandenberghe, José Eisenberg, Ricardo Benzaquem, Claudia Costin, Maria Tereza Lobo, Daniel Sarmento, Angela Rotunno, Carlos Roberto Jatahy, Guilherme Gonçalves, Daniela Barcellos, e o prefaciador Sérgio Guerra.

Registro o auxílio de Gabriel Lacerda na indicação dos filmes ao longo dos capítulos. Ainda agradeço Cristina Lobato e Lívia Valle pelas valorosas ajudas ao longo de nossas pesquisas sobre o direito.

Em termos institucionais, também é importante destacar a contribuição de algumas instituições. Ao Garriga de Menezes, por me formar enquanto cidadão. À Ordem DeMolay, por me apresentar este mundo fascinante da argumentação. À UERJ e à UFF, pela oportunidade de me graduar em ciências sociais e direito, respectivamente, com ampla participação em atividades de extensão, monitoria e iniciação científica.

Ao Iuperj, por me formar e me preparar academicamente no mestrado e no doutorado, sendo uma verdadeira casa que faz todos se sentirem bem. À Unesa, por me propiciar de forma direta o laboratório empírico através do qual formulei as ideias apresentadas neste livro. Ao Lappis, por me permitir, desde quando ainda era graduando, e após como pesquisador, o desenvolvimento de atividades de pesquisa e contribuir decisivamente para as minhas atividades acadêmicas. À FGV, por sempre estimular um debate do mais alto nível e desenvolver atividades importantes para o mundo contemporâneo do direito. À UFRJ, por me permitir ter a honra de ingressar na faculdade de direito mais tradicional do Brasil como professor. Ao IAB, que me honrou ainda juvenil com a titulação de membro efetivo da comissão de direito constitucional, cujas atividades sobre o tema da argumentação são fundamentais.

Da mesma forma, também agradeço às pessoas mais fundamentais na vida acadêmica de qualquer professor: os alunos. A horizontalidade e o estímulo à participação são elementos essenciais para o processo de construção de conhecimento. Sou muito grato por terem sido, antes de tudo, coautores deste livro. Com especial destaque, agradeço aos alunos e colegas: Luciana Gomes, Fabiana Copetti, Ana Paula Bastos, André Jannuzzi. Daniely Ferreira e Uilson.

Na minha vida pessoal também tive pessoas queridas, que foram decisivas na minha formação. Minha família sempre me acompanhou em tudo e serei sempre grato aos tios, tias, avós, avôs, primos e primas que possuo. Especialmente minha mãe, à qual dedico este livro, que foi e tem sido a melhor mãe do mundo. Sempre dedicada e companheira, me ajudou em cada passo de minha vida. Minha irmã igualmente foi importante, sobretudo porque sempre se demonstrou uma amiga de todas as horas. Meu pai, mesmo que morando em outro município, também foi decisivo para a minha formação e, inclusive, para a minha opção pelo direito. Ainda são necessárias algumas palavras sobre a Marcella, pessoa maravilhosa que se encontra ao meu lado em todos os momentos. Curiosamente, além de muito amor e carinho, Marcella ainda me brindou com a prazerosa convivência com sua mãe, pessoa também muito especial.

Aos meus amigos, que a vida me deu a satisfação de conhecê-los nas mais diversas situações, quero manifestar meu profundo agradecimento por tudo. Diz-se que os amigos se contam nos dedos, mas sou um privilegiado de possuir um número que não se reduz às minhas mãos.

Aos caros leitores, desejo uma boa jornada neste mundo espinhoso da argumentação jurídica. Espero com absoluta franqueza que o livro seja uma peça fundamental na vida profissional e acadêmica de muitos estudantes e profissionais do direito no Brasil. Quero apenas registrar um modesto conselho: ousem sempre!

O autor

Felipe Dutra Asensi

Cientista social graduado pela Universidade do Estado do Rio de Janeiro (UERJ) e advogado graduado pela Universidade Federal Fluminense (UFF). Mestre e doutorando em Sociologia pelo Instituto Universitário de Pesquisas do Rio de Janeiro (Iuperj). Aperfeiçoamento em Derechos Fundamentales y Globalización pela Universidad Complutense de Madrid (UCM). Pesquisador do Laboratório de Pesquisas sobre Práticas de Integralidade em Saúde (LAPPIS/UERJ), da Escola de Direito da Fundação Getúlio Vargas (FGV/RJ) e da Ordem dos Advogados do Brasil (OAB/RJ). Professor da Universidade Federal do Rio de Janeiro (UFRJ) e dos cursos de férias da Universidade Estácio de Sá (UNESA). Membro efetivo do Instituto dos Advogados Brasileiros (IAB).

Prefácio

O APEGO EXTREMO À sistematicidade e ao formalismo do Direito coloca em um plano secundário aquilo que é a própria causa da existência do sistema jurídico: a realização da justiça. Em vista das mudanças por que passa a humanidade, em que a lei não consegue tudo prever, abrindo-se à construção das normas e dos princípios, sustenta-se na doutrina que estamos vivendo o período de transformação ou superação da modernidade.

Partindo-se do exame do caso concreto, dos aspectos tópicos, do problema em si, empreende-se uma aproximação entre os conceitos jurídicos e seus fundamentos históricos e axiológicos. Contemporaneamente assiste-se à relativização de dogmas, institutos e categorias cunhadas pelo – ou para o – Direito desde a estruturação do denominado Estado de Direito. Essa mutação do Direito reclama estruturas e normas preparadas para trabalhar com a **argumentação jurídica**, a consensualidade e a transação.

Argumentação, segundo a doutrina atual, é uma técnica sobre a escolha do significado que pareça mais adequado às partes discursivas, utilizando-se de provas concretas e opiniões aceitas amplamente. Algumas obras estrangeiras vêm sendo estudadas no Brasil por aqueles que desejam aprofundar-se no tema, notadamente nos cursos de pós-graduação. Merece destaque a obra de Robert Alexy *Teoria da argumentação jurídica*: a teoria do discurso racional como teoria da justificação jurídica, tradução de Zilda Hutchinson Schild Silva, São Paulo: Landy, 2001 (título original *Theorie der Juristischen Argumentation*), em que o autor destaca o que se deve entender por argumentação jurídica racional;

e a obra de Klaus Günther *Teoria da argumentação no direito e na moral:* justificação e aplicação, tradução de Cláudio Molz, São Paulo: Landy, 2004 (título original *Der Sinn für Angemessenheit: Anwendungsdiskurse in Moral und Recht).*

Esse é um dos aspectos mais importantes na fase atual da humanidade. Como denota Pietro Perlingieri, o tecido social pós-moderno é formado por um complexo e intricado emaranhado de interesses contrapostos que, por serem historicamente relativos, e por traduzirem, cada qual, valores existenciais idôneos e juridicamente tuteláveis sob a chancela da Constituição, devem-se compatibilizar e ser cotejados *caso a caso.* Isso ocorre na medida em que surgem os conflitos e à luz de uma realidade maior de sistema, isto é, tendo em vista o que se afigure mais adequado do ponto de vista de uma lógica global e que permita o melhor funcionamento do sistema como um todo.

Nesse contexto em que o debate do Estado pluriclasse concentra sua relevância em saber à luz da teoria dos grupos sociais "quem" fica com determinado quinhão da riqueza e "quem" assume os maiores ônus, ficam ultrapassadas algumas teorias atreladas exclusivamente ao positivismo jurídico. As fórmulas abstratas da regra legal já não trazem, como dito, todas as respostas. O paradigma jurídico, em muitas situações, depende do caso em si, concreto, que irá trabalhar para alcançar a melhor solução, que será singular.

O livro do jovem e talentoso Professor Felipe Asensi está diretamente conectado ao período da pós-modernidade, termo popularizado por Jean-François Lyotard e que indica novas concepções surgidas a partir da segunda grande guerra mundial, e que foram incrementadas nas décadas de oitenta e noventa do século XX. A obra se apresenta para fornecer, àqueles que ingressarão no tema, parâmetros práticos, aplicados e para uma maior operacionalização da argumentação, especialmente no mundo do direito, trazendo os principais tipos de argumento que devem ser utilizados no meio jurídico.

Assim, a obra, cujo privilégio tenho de prefaciar, apresentando-se como um livro-texto, se divide em cinco capítulos, no quais o autor aborda de forma objetiva aspectos práticos iniciados com a importância da argumentação no mundo contemporâneo, passando pelos pressupostos da argumentação e da hermenêutica jurídica, normas e instituições jurídicas para chegar ao aspecto de superlativa importância na atualidade de como transitar, com a argumentação, na senda jurídica.

Parabéns ao Professor Felipe Asensi pela pesquisa e objetividade do seu texto, surgindo como importante subsídio científico para os operadores do direito.

Rio de Janeiro, 16 novembro de 2009.

Sérgio Guerra
Professor Titular da Escola de Direito da FGV/RJ.

Apresentação

ESTE LIVRO FOI feito com muita dedicação e zelo. Ao longo de minhas aulas de argumentação jurídica durante estes quatro anos, pude aperfeiçoar as temáticas e a abordagem, além de ter construído uma concepção sobre argumentação que é distinta da maioria dos livros atualmente publicados.

A ideia de um curso prático, e não de um apanhado ou resgate teórico, sempre me provocou fascinação. Somente sob essa condição me propus a escrever o livro. Sensibilizado pela situação do estudante de direito e do profissional do direito, em que os autores da argumentação são apresentados sem qualquer preocupação com a prática argumentativa, procurei inverter o raciocínio. A intenção deste livro consiste justamente em fornecer subsídios para o trânsito no mundo prático do direito, do cotidiano, dos escritórios e das instituições jurídicas.

Assim, ao invés de promover um raciocínio dedutivo, que se cristalizaria na ideia de partir dos autores da argumentação para, então, analisar a realidade brasileira, busquei fazer o inverso: da realidade para a teoria. Os autores estão presentes, mas o que é fundamental neste livro é a prática do direito. A imersão em teorias não necessariamente auxiliaria o profissional ou o estudante a fazer algo fundamental para o campo: transitar de forma bem-sucedida no mundo do direito.

Por outro lado, o livro não é um manual. Como será observado pelo leitor, a argumentação jurídica não se reduz a um passo a passo, nem poderia. A complexidade e a heterogeneidade são inerentes ao processo argumentativo no direito. Trata-se, antes de tudo, de um curso defensivo, em que o leitor, a partir da compreensão das temáticas aqui elencadas, possa estabelecer melhores estratégias para defender e sustentar seus argumentos nos mais diversos espaços da vida social.

Espera-se que o livro também contribua para a construção de uma perspectiva brasileira da argumentação jurídica. Não é rara a importação ingênua de teorias para pensar a nossa realidade, o que pode ensejar imprecisões e, até mesmo, contradições. A partir deste referencial prático, busca-se justamente, de forma indutiva, pensar nos caracteres peculiares da argumentação jurídica no Brasil.

Caso o leitor tenha compreendido os aspectos fundamentais de trânsito argumentativo no mundo do direito e, além disso, tenha compreendido as especificidades do direito brasileiro, o livro terá cumprido o papel ao qual se propôs.

Pessoalmente, peço que o leitor interprete o livro como um convite para que se desprenda de qualquer concepção prévia e imutável a respeito do tema; para que busque estabelecer novas técnicas e formas de persuasão; para que seja mais protagonista de suas próprias ideias; e, portanto, para que *inove*.

Boa leitura!

Sumário

I

Introdução: por que argumentar?

1.1. A importância da argumentação no mundo contemporâneo

VIVEMOS NUM MUNDO de argumentos. Em nosso cotidiano, observamos diversas situações em que os argumentos são decisivos para a tomada de decisões e também para persuadir nossos interlocutores. Diariamente, os indivíduos travam relações em contextos argumentativos dos mais variados no tempo e no espaço, o que amplia e reforça as possibilidades e interações a se desenvolverem nas mais diversas situações da vida social. Podemos citar alguns exemplos que evidenciam a relevância da utilização de argumentos na vida cotidiana, que se extraem a partir de um breve exercício de relativização e problematização das ações que consideramos naturais do ponto de vista de nossas práticas sociais. Observemos as três situações abaixo:

a) Um filho deseja incrementar o valor de sua mesada. Para tal, a título de exemplo, pode fazer uso das seguintes estratégias argumentativas. O filho pode aumentar sua dedicação nos estudos, de modo que o resultado de suas notas legitime a sua demanda por um incremento na mesada. Uma outra estratégia também poderia ser o maior envolvimento do filho com as tarefas domésticas, de modo que seja recompensado pelo seu empenho no desenvolvimento e manutenção do lar.
b) Um síndico de condomínio deseja destinar uma determinada verba para a pintura de algumas partes do edifício. Para tal, a título de exemplo, pode fazer uso das seguintes estratégias

argumentativas. O síndico pode convocar uma assembleia geral para deliberar liminarmente sobre a possibilidade de destinação da verba. Por outro lado, o síndico também pode buscar persuadir os moradores de forma individualizada, conscientizando-os a respeito da valorização dos imóveis em função da pintura.

c) Um candidato deseja ser eleito para o mandato de deputado. Para tal, a título de exemplo, pode fazer uso das seguintes estratégias argumentativas. O candidato pode investir numa plataforma político-partidária de propostas que, por meio do debate público, convença e seduza os eleitores a apoiarem-no no processo eleitoral. Porém, o candidato também pode estabelecer alianças políticas densas que lhe garantam visibilidade na mídia, nos palanques e nas passeatas, mesmo não investindo em plataforma de propostas de ação, de modo que sua eleição ocorreria em função da sua exposição em diversos meios de campanha.

Analisando as três situações, fica visível que a argumentação é elemento essencial para o resultado pretendido das ações do filho, do síndico e do candidato. De maneira introdutória, podemos observar que as situações acima apresentam variações argumentativas pelo menos em três sentidos: do resultado, da decisão e da persuasão. Trata-se de variações substantivas, que produzem novas concepções a respeito do papel da argumentação na vida social.

Do ponto de vista do resultado, o exemplo do filho demonstra que o resultado de uma ação num contexto argumentativo pode ser buscado ao se enfatizar os efeitos desta ação. Se o filho aumenta sua dedicação nos estudos, temos o *efeito de premiação* pelo aumento da mesada. Se o filho reforça um maior envolvimento com as tarefas domésticas, temos o *efeito de recompensa*. Portanto, a argumentação pode produzir efeitos distintos, de acordo com as situações em que os interlocutores se encontram numa determinada dinâmica social, política, cultural, jurídica, econômica etc. Tais efeitos ainda ocorrem, em ampla medida, em função do grau de interação que os indivíduos estabelecem com os demais interlocutores.

Do ponto de vista da decisão, o exemplo do síndico demonstra que o resultado de uma ação num contexto argumentativo pode ser buscado enfatizando o procedimento de decisão. Se o síndico opta pela convocação imediata da assembleia geral, temos a *concentração do processo decisório*. Porém, se opta pela persuasão dos moradores de forma individualizada, temos a *desconcentração do processo decisório*. Portanto, a argumentação pode se desenvolver em diferentes circunstâncias, cujos processos de decisão podem ser realizados num fórum comum de discussão ou, então, em âmbitos desconcentrados que variam no tempo e no espaço. E eleição de tais circunstâncias depende de uma série de fatores, inclusive de cunho psicológico.

Do ponto de vista da persuasão, o exemplo do candidato demonstra que o resultado de uma ação num contexto argumentativo pode ser buscado enfatizando a forma ou o conteúdo do argumento. Se o candidato adota a formulação de uma plataforma político-partidária efetiva de propostas, temos o *investimento no conteúdo*. Por outro lado, se prefere enfatizar a exposição em diversos meios de campanha, temos o *investimento na forma*. Portanto, a argumentação pode se desenvolver com diversos objetivos, de modo que não haja uma hierarquia necessária entre o conteúdo do argumento e a estratégia de sua exposição. Assim, toda e qualquer argumentação envolve algum tipo de reflexão mais apurada sobre a forma de exposição, bem como sobre a abordagem mais adequada para o conteúdo.

Com isso, os três exemplos demonstram que, em matéria de argumentação, os fins não necessariamente justificam os meios. Não é possível sustentar qualquer tipo de ordem hierárquica ou de determinação entre os fins e os meios. Pelo contrário, o que se observa é que fins e meios se apresentam em constante interação, transformação e releitura a partir do desenvolvimento dos argumentos nos mais diversos espaços e contextos, seja do ponto de vista do *resultado*, da *decisão* ou da *persuasão*.

Atualmente, o papel da argumentação na vida cotidiana encontra-se relacionado ao processo de "desencantamento do mundo", que foi amplamente descrito por Max Weber. A ideia de "desencantamento", em linhas gerais, implica reconhecer o emprego da racionalidade e da ciência como critérios de produção de conhecimento válido no mundo, sem apelo a qualquer justificativa sobrenatural ou mística. Na medida em que não mais se observa, no contexto contemporâneo, espaços produtores de verdades universais, ou que a própria ideia de verdade também tem sido problematizada por diversos estudos ao longo dos séculos XX e

XXI, uma transformação tem se operado na vida dos indivíduos, o que produz alterações substanciais no campo da argumentação. Diante da derrocada da *verdade* no mundo contemporâneo, o *argumento* se apresenta como a principal forma de interação social nas diversas situações em que os indivíduos se encontram, recebendo destaque o argumento mais persuasivo, e não necessariamente o mais verdadeiro.

Com isso, não se trata de qualquer argumento. Para ser persuasivo e, por isso, receber a adesão dos demais interlocutores, o argumento deve ser racionalmente organizado. Uma vez que não existe mais a verdade como critério de validade dos fenômenos do mundo, a possibilidade de adotar diferentes estratégias argumentativas evidencia a construção, a partir do embate racional de argumentos, de um *mundo de possibilidades*. Mais especificamente, os argumentos permitem discutir as condições de possibilidade de emergência de um conhecimento que receberá a adesão dos indivíduos. Tais condições revelam justamente os âmbitos possíveis de aplicação dos argumentos, de modo que não sejam constituídos de verdades fixas e imutáveis no tempo e no espaço.

Paralelamente ao debate entre *verdade* e *argumento*, observa-se o debate entre *realidade* e *construções dialógicas*. A realidade consiste numa totalidade inalcançável pelo indivíduo. Há algum tempo se busca afastar a ideia de realidade compreensível e adotar a ideia de construções dialógicas a partir das quais se pactuam alguns consensos entre os indivíduos. Diante da impossibilidade fática de conhecer o real (e a verdade) de forma absoluta, a argumentação surge como estratégia de construção de consensos ou de persuasão, que se desenvolvem por meio do recurso ao diálogo. A comunicação, portanto, é elemento primordial para o sucesso da argumentação, na medida em que permite aos atores estabelecerem compromissos, pactuações e criar contextos com uma forte dinâmica de persuasão.

Diante deste cenário altamente complexo, em que os paradigmas da verdade e da realidade encontram-se problematizados por contextos argumentativos, ainda é possível incrementar tal complexidade ao reconhecer que a argumentação envolve *diferentes variáveis* que se relacionam em *múltiplos contextos*. A estratégia argumentativa, seja para o argumentador, seja para aquele que é alvo de persuasão, varia de acordo com a idade, sexo, situação social, gênero, história de vida, expectativas subjetivas, valores etc., de ambos. Além disso, dependendo em qual contexto a argumentação se desenvolve – político, jurídico, econômico, social, cultural, religioso, biológico etc. –, é possível observar a adoção de estratégias distintas, bem como de resultados esperados distintos. Vejamos dois exemplos significativos a respeito dessa articulação entre as variáveis e os contextos:

a) Um candidato a presidente precisa direcionar a sua campanha a diversos segmentos sociais, além de adequar o conteúdo e a forma do discurso de acordo com os resultados pretendidos. O candidato deve adotar estratégias argumentativas distintas quando estiver num palanque na cidade de Joinville ou de Manaus, ou quando estiver discursando para sindicatos ou para o empresariado e, ainda, quando estiver em reunião com feministas ou machistas, heterossexuais ou homossexuais etc. Isso ainda pode adquirir outras combinações: a estratégia de campanha por panfletos é fortemente distinta da campanha desenvolvida nas rádios, que é distinta da desenvolvida na televisão que, por sua vez, é radicalmente distinta das desenvolvidas nas faixas de ultraleves que sobrevoam a costa marítima.
b) Um professor com dupla-formação em direito e ciências sociais se dedica ao ensino nos diversos níveis e campos do conhecimento, o que faz com que seu alunado seja fortemente plural. Imagine que o professor leciona sociologia nas três séries do ensino médio, direito administrativo e direito internacional privado na graduação e direito do consumidor na pós-graduação, além de cursos de extensão de direito do trabalho e argumentação jurídica. Além disso, desenvolve pesquisas a respeito de participacionismo e de judicialização da política, promovendo consultorias na área de saúde. Nesses diferentes contextos, o público e a estratégia argumentativa variam radicalmente de acordo com os objetivos do professor e dos interlocutores, o que complexifica ainda mais a construção dialógica de consensos ou de persuasão. Uma aula sobre Karl Marx no ensino médio é distinta da aula de Marx no direito do trabalho, direito do consumidor e, mais ainda, na de argumentação jurídica.

Em ambos os casos, observa-se que os paradigmas da verdade e da realidade encontram-se em transformação quando se trata de argumentação, na medida em que são consideradas diferentes variáveis e contextos em que os argumentos vão se desenvolver. Isso permite afastar a ideia de uma verdade universalmente aplicável, além de estimular o estabelecimento de estratégias distintas que produzem resultados distintos no tempo e no espaço, cujas variáveis são as mais heterogêneas e diversas possíveis.

No campo do direito, o debate sobre a argumentação também está presente. Dentre os campos do conhecimento, o direito foi um dos que mais produziu concepções e discussões a respeito da argumentação no mundo contemporâneo. Diariamente, os juristas são chamados a lidar com contextos argumentativos de diálogo, e a definição de decisões no âmbito do direito pressupõe esse tipo de arranjo institucional. As decisões judiciais de grande repercussão econômica, a possibilidade de abortar fetos anencéfalos, a fidelidade partidária, a utilização de embriões para pesquisa de células-tronco, e outros, são temas discutidos amplamente no mundo do direito e que reforçam o contexto argumentativo desenvolvido em outros campos.

Curiosamente, e isso será repetido outras vezes, apesar desses temas serem discutidos no interior do campo do direito, não são exclusivamente jurídicos, pois englobam aspectos políticos, jurídicos, econômicos, sociais, culturais, religiosos, biológicos etc. O direito não se reduz às leis com suas regras e princípios. Por isso, a argumentação jurídica não se reduz à mera argumentação sobre o direito, assim como não se desenvolve exclusivamente por juristas. O tema possui uma construção dialógica e democrática muito mais efetiva e ampla.

1.2. A argumentação no direito

A ARGUMENTAÇÃO jurídica não é somente uma argumentação sobre o direito; ela vai além. A argumentação jurídica consiste num complexo que extrapola os mecanismos jurídicos propriamente ditos. Seja do ponto de vista dos sujeitos envolvidos, seja do ponto de vista dos contextos em que a argumentação se desenvolve, observa-se uma pluralidade de arranjos em que os argumentos são apresentados e se articulam no mundo do direito. Essa pluralidade é fundamental para que qualquer indivíduo transite pelo campo jurídico.

No que concerne aos sujeitos, a argumentação jurídica é desenvolvida por diversos profissionais do direito, que variam desde um estagiário até o ministro do Supremo Tribunal Federal, e por indivíduos que não necessariamente guardam relação direta com o campo do direito, tais como professores, ministros religiosos, políticos, comentaristas televisivos etc. Os atores jurídicos que mobilizam os mais diversos argumentos *oxigenam* as concepções que são construídas no interior do direito a respeito dos mais diversos assuntos, o que aponta para uma ideia de construção plural de saberes e práticas. Nesse sentido, tais atores permitem uma verdadeira dinamicidade dos processos argumentativos que se desenvolvem ao longo de todo o desenvolvimento judicial e extrajudicial do direito. No que concerne aos contextos, a argumentação jurídica é desenvolvida em diversas situações jurídicas, que variam desde um inquérito policial até uma ação direta de inconstitucionalidade. As situações jurídicas em que a argumentação se desenvolve também são muito variadas, de modo que seria equívoco afirmar que o seu desenvolvimento ocorre somente em processos judiciais. Observa-se argumentação jurídica numa ação judicial, mas também se observa na proposta de emenda à Constituição, na exposição de motivos do Código Penal e, até mesmo, em manifestos de grupos sociais que reivindicam o respeito aos seus direitos e garantias.

Com isso, a argumentação possui no direito um destaque fundamental. É possível realçar pelo menos três características presentes nos processos argumentativos que são absolutamente relevantes para o direito. Tais características permitem evidenciar a constituição de uma perspectiva de argumentação que seja particular do campo do direito, o que guarda relação direta com as reflexões aqui desenvolvidas.

A *primeira* dessas características consiste em servir como critério e referencial de razoabilidade. Considerando que no contexto argumentativo não se parte do princípio da existência de verdades, o embate de argumentos se apresenta como estratégia principal de persuasão e definição de qual argumento prevalecerá no caso concreto. Assim, em condições normais, o argumento que prepondera é o argumento mais razoável, aquele que recebe maior adesão dos interlocutores porque, racionalmente e após o embate com os demais argumentos, parece merecer maior atenção e apoio.

A *segunda* característica, que se encontra fortemente associada à primeira, é a valorização do diálogo. Se não é possível dizer que existe verdade universal, também não se poderá afirmar que alguém é possuidor, revelador ou intérprete oficial de tal verdade. Com efeito, a argumentação jurídica permite uma maior horizontalização do processo de construção de consensos e de adesão dos interlocutores, de modo que os argumentos de autoridade encontrem-se menos vinculantes e obrigatórios do que outrora. A substituição do critério de verdade pelo critério de razoabilidade permitiu a valorização do diálogo como recurso através do qual se determina qual argumento deverá prevalecer. O hiato histórico entre o juiz e uma parte do processo, por exemplo, encontra-se cada vez mais reduzido num contexto argumentativo, pois cada vez mais ambos encontram-se num mesmo processo de dependência recíproca para o alcance de consensos efetivos.

A *terceira* característica é a condução da transformação do direito. O campo do direito tradicionalmente se constituiu a partir de uma lógica binária de "sim" e "não", "certo" e "errado", "lícito" e "ilícito" etc. Com a inserção da argumentação jurídica, passou-se a pensar o campo do direito em termos de gradações, níveis, camadas, redes etc. Com isso, a argumentação tem permitido a transformação das concepções de direito de forma gradual, sem necessariamente provocar um rompimento com as concepções anteriores, já que se encontra guiada por uma racionalidade. O direito muda através do tempo, e essa transição tem sido orientada pelo recurso à argumentação como critério do que será o "novo" direito. A argumentação permite estabelecer parâmetros e referenciais de como deve operar a transformação do direito no mundo contemporâneo.

Porém, estabelecer o lugar da argumentação no campo do direito atualmente não esgota o que se passou, ou seja, os embates e concepções que subjazem aos conflitos históricos e institucionais que permitiram à argumentação alcançar tal importância. É preciso, então, refletir sobre as questões históricas e institucionais relacionadas à argumentação jurídica, as quais se constituíram, por vezes, como desafios para a sua institucionalização no campo do direito.

1.3. Questões históricas relacionadas à argumentação jurídica

A ARGUMENTAÇÃO jurídica possui a sua história no campo do direito. O espaço da argumentação no direito não foi sempre o mesmo, tanto em extensão quanto em importância. De fato, as reflexões que se desenvolveram no âmbito da teoria do direito produziram diversas ideias e perspectivas que buscam superar o paradigma formalista do direito. Tal paradigma associa todo e qualquer direito à "letra da lei", sendo criticado a partir da inserção de elementos substantivos e argumentativos no seu sentido e alcance.

Usualmente, desde o século XIX, tem sido realizado o debate sobre as diferenças e semelhanças entre a ideia de *Constituição formal* e de *Constituição material*. A primeira, em geral, se associa à cristalização dos direitos num texto escrito, comumente constituído como sua fonte formal. Tal documento somente pode ser alterado mediante procedimentos e formalidades especiais próprias da organização do Estado e das leis que lhes são correspondentes. A ideia de *Constituição material*, por sua vez, permite pensar a existência de direitos que não se encontram, necessariamente, positivados, escritos ou previstos na regra jurídica. Seria, em verdade, uma constelação de valores presentes numa dada sociedade que se cristalizam como direito vigente. Assim, a materialidade da Constituição consiste numa perspectiva que, dentre suas diversas configurações, pode ser associada a dois sentidos:

a) ao regime político do Estado;
b) às normas constitucionais escritas ou costumeiras, que regulam a estrutura do Estado, a organização de seus órgãos e os direitos fundamentais.

Porém, talvez seja no campo da sociologia do direito que essa discussão tenha recebido maiores atenções acadêmicas, além de questionamentos das mais diversas naturezas. Jean Carbonnier, por exemplo, apontou que o direito se consolidou historicamente por meio da ênfase da sua autonomia em relação às outras ciências. Mais precisamente, o que explicaria a ampla adesão a essa ideia é a defesa da exclusividade do direito e do dogmatismo, afirmando que é próprio do direito ser um "Deus ciumento" que não tolera partilhas, o que implica em negar a qualquer outro sistema o título de direito. O campo tradicional do direito, portanto, evita, repele e estigmatiza qualquer explicação que não seja realizada por ele próprio. É *Deus* porque se propõe a responder todos os fenômenos sob uma perspectiva universalista; e é *ciumento* porque se propõe a responder sozinho, ou seja, sem a incorporação de outros campos de saber em seu discurso. A ênfase na explicação do *direito pelo direito* é um elemento importante para a solidificação e manutenção desta perspectiva, que se desenvolveu ao longo da história sob a denominação de *positivismo jurídico*.

Como visto, a lógica do direito se constituiu historicamente como uma lógica binária, que pensa em categorias que não admitem anomalias, meios-termos, desvios etc. Essa lógica não admite, portanto, gradações ou hibridismos, na medida em que a realidade é apresentada a partir de um fundamento lógico-sistemático calcado num sistema racional de explicações previamente categorizado.

Essa lógica binária, que conferiu pouca importância para o papel da argumentação jurídica, se encontra relacionada ao que Pierre Bourdieu denominou "retradução" do direito, vale dizer: ao buscar explicar os fatos sociais sob o prisma de categorias predeterminadas, a lógica jurídica faz com que esses fatos percam a sua especificidade e originalidade a partir do momento em que são lidos à luz de modelos abstratos. Em outras palavras, ao tentar *encaixar* fenômenos complexos em molduras rígidas, o direito desconsidera as peculiaridades e especificidades do mundo real. Assim, não se considera o contexto de produção da norma ou as relações de força que se estabelecem em seu interior e perpassam toda a sua produção. Essa lógica insere fenômenos sociais complexos em contextos de "sim" e "não", "certo" e "errado", "lícito" e "ilícito", sem levar em conta as gradações, os liames, os interstícios, a complexidade.

Na medida em que o tema do pluralismo foi recebendo destaque no debate jurídico e a multiplicidade de grupos sociais ganhou evidência com os eventos ocorridos ao longo do século, o direito passou a ser pensado sob o prisma de outras categorias, tais como *heterogeneidade*, *comunicação*, *valores*, *argumentação* etc. Além disso, ao priorizar os princípios como efetivas normas jurídicas, foram estabelecidos objetivos e finalidades a serem alcançados pelos Estados nacionais e direitos prestacionais aos cidadãos, o que possibilitou a ampliação dos elementos éticos, sociais e culturais a serem inseridos na interpretação e aplicação da norma jurídica.

Do ponto de vista da aplicação do direito, os teóricos do pós-positivismo – tais como Ronald Dworkin, Chaim Perelman, Theodor Viehweg, Robert Alexy – sustentaram que a forma de se concretizar o direito é se debruçando sobre o problema e os casos empíricos particulares, e não sobre a regra jurídica, como se enfatizou no positivismo jurídico. A perspectiva consolidada por esses autores enseja o reconhecimento de que o direito não mais se associa a uma mera moldura abstrata que lê a realidade à sua volta à luz de seus próprios limites de moldura. Na perspectiva pós-positivista, o direito passa a incorporar conteúdos orientados por uma verdadeira razão prática e, por isso, embebida de contextos argumentativos de ausência de verdades, mas permeado por valores construídos socialmente. A simples adequação fato/norma, que seria realizada de maneira mecanicista e pouco sensível às especificidades dos fatos sociais, deu lugar a uma nova forma de pensar o direito *em* sociedade, ou seja, um direito capaz de considerar e respeitar as diferenças e de levar em conta as particularidades inerentes ao caso concreto. Tais casos concretos, por definição, variam de acordo com os atores e as circunstâncias em que estão inseridos. Para captar e compreender tais casos foi adotada como estratégia privilegiada da perspectiva pós-positivista a superação da "letra da lei" como fonte exclusiva do conhecimento jurídico e a adoção da argumentação jurídica como estratégia de "trânsito" no mundo do direito.

Além disso, associada à perspectiva de incorporação dos valores no âmbito das reflexões sobre o direito, a necessidade de extrapolar a letra da lei de forma argumentativa esteve relacionada ao crescimento das reflexões de outras ciências sobre o direito, tais como a sociologia, a antropologia e a psicologia. Tais campos permitiram a consolidação de uma visão mais interdisciplinar, crítica, problematizante, histórica e não dogmática. Isso reforçou o processo de *estranhamento* ou *desnaturalização* das instituições jurídicas e do próprio direito, sobretudo com a ênfase numa postura crítica que já era, aliás, objeto de reflexão interna do pós-positivismo. A partir dessa matriz de interpretação, é possível elencar três elementos subjacentes à perspectiva argumentativa do direito:

a) os fatores sociais são preponderantes na produção de normas jurídicas – entendendo-se como normas tanto as regras escritas quanto os princípios materiais que lhes são subjacentes –, e na produção e construção de "novos" direitos;
b) o campo da produção jurídica envolve o embate e conflito de opiniões, interesses e perspectivas sobre os fatos sociais;
c) o estabelecimento do consenso se apresenta como uma forma de cristalizar resultante de conflitos e estabelecer sentidos persuasivos para os novos direitos que deles decorrem.

Na perspectiva de Jürgen Habermas, o direito é visto como um *medium* entre os fatos que ocorrem no mundo cotidiano e as regras que os indivíduos criam em sociedade, ou seja, o direito se situa como mediador da tensão entre *facticidade* e *validade*. A tensão se estabelece na medida em que os critérios universalistas de validação do direito não se encontram necessariamente refletidos no âmbito das práticas sociais (factuais), ganhando relevo a ideia de ação comunicativa.

O direito não consiste num sistema fechado em si mesmo, o que possibilita uma abertura, inevitável, à ação comunicativa e à argumentação. Desse modo, com a ideia de *ação comunicativa*, a função de integração social do direito deriva do uso da linguagem para o alcance do entendimento. Essa ideia – segundo a qual o debate e o diálogo travados nos espaços públicos podem, através da evocação de valores como a "razão", "verdade", "retidão" e "inteligibilidade", gerar ações políticas efetivas na dissolução dos conflitos e alcance de consensos – tem por objetivo refletir sobre a formação da uma *vontade comum* e os processos e mecanismos argumentativos de produção de legitimidade no mundo do direito.

Desse modo, o diálogo surge como elemento essencial para se obter consenso e entendimento na esfera pública, constituindo-se um dos caminhos mais viáveis para a resolução de conflitos na arena política. O referencial a ser adotado é o do diálogo, ou seja, a comunicação na qual o sujeito tem de investir uma parte de sua subjetividade, no sentido de ser capaz de encontrar sujeitos conflitantes num nível intersubjetivo. O espaço do conflito enquanto construção de sujeitos de forma intersubjetiva seria, nessa seara, o elemento fundamental para a aproximação entre *teoria* e *prática*.

Pode-se dizer, portanto, que a ênfase no consenso pelo diálogo possibilita o movimento de aproximação entre o *direito das normas* e o *direito das práticas*, tendo como fio condutor e principal fomentador a argumentação jurídica. A partir do embate argumentativo, ergue-se a possibilidade de assegurar direitos por meio de práticas concretas. Em certa medida, isso amplia as possibilidades de incremento da efetividade social dos direitos, na medida em que, ao se extrapolar a regra jurídica, busca-se no seio social algum fundamento para a sua legitimidade, que será construída a partir do embate racional de posições argumentativas.

No Brasil, a perspectiva de extrapolar a letra da lei e pensar em arranjos argumentativos e fáticos recebeu atenção de diversos estudiosos e pesquisadores, sobretudo pelo que se convencionou denominar de *doutrina brasileira da efetividade*, que é capitaneada pelo jurista Luis Roberto Barroso. O argumento central dessa perspectiva consiste no seguinte: para além da *eficácia jurídica* que uma norma possui, ou seja, sua possibilidade de produzir efeitos num ordenamento jurídico porque formalmente válida, existe a *eficácia social* das normas, ou seja, a possibilidade de produzirem efeitos concretos no cotidiano das práticas dos atores sociais.

Ao partir do pressuposto de que *o direito existe para se realizar*, a ideia de efetividade significa o desenvolvimento concreto da função social do direito. Portanto, busca pensar o desenvolvimento dos direitos na prática, de modo a superar a perspectiva formalista que se traduz na mera *eficácia jurídica* e conferir relevo ao papel da argumentação. O direito pensado na prática, em termos limítrofes, permite uma aproximação com a realidade social de construção de direitos por meio de embates argumentativos cotidianos.

Similarmente, porém numa chave antropológica, Ricardo Teixeira faz referência à *palabre* – palavra africana da África pré-colonial que tem como origem a ideia de prática no parlamento – para situar um modo de sociabilidade argumentativo. Em sua concepção, a ideia de *palabre* nos termos propostos reúne três elementos fundamentais: a) o reconhecimento do outro como legítimo; b) o reconhecimento de cada um como insuficiente; c) o pressuposto de que o sentido de uma situação é construído pelo conjunto dos saberes presentes. Desse modo, todo mundo sabe alguma coisa e ninguém sabe tudo, e a arte do diálogo não consiste em homogeneizar os sentidos fazendo desaparecer as divergências, mas fazer emergir o sentido no ponto de convergência das diversidades. Isso pode auxiliar a compreender e construir outras formas de solução de conflitos que não gerem uma cisão entre os sujeitos, mas, pelo contrário, uma convergência de objetivos, interesses e perspectivas distintas.

Assim, um elemento indissociável do campo do direito contemporâneo é a polifonia, que se manifesta por meio de diferentes "vozes" em constante persuasão que, através de um processo dialógico, alcançam um consenso. Tais "vozes", por pressuposto, possuem autoridade e competência na construção, defesa e desenvolvimento de suas concepções de forma argumentativa.

1.4. Questões institucionais relacionadas à argumentação jurídica

O DIREITO não se compõe apenas de normas jurídicas; temos também as instituições. Sobretudo num contexto de ampliação de instituições e práticas democráticas no Brasil, o surgimento de novos atores implicados diretamente no campo do direito complexifica suas estratégias e limites, sob o resguardo de um ambiente político-institucional fortemente plural. Dentre as mais variadas dessas instituições e suas práticas correlatas, é possível destacar o Poder Judiciário e as transformações pelas quais passou.

O Judiciário configurou-se historicamente no Brasil como o mais frágil dos poderes, em geral submetido a dispositivos jurídicos e políticos coordenados pelo Legislativo e pelo Executivo. Historicamente, o Judiciário foi tradicionalmente associado a um poder inerte, que se conteria a apenas reproduzir o conteúdo previsto na lei. Emblemática, aqui, é a ideia de Montesquieu de que o Judiciário seria apenas a "boca da lei", ou seja, sua função seria a de mero tradutor do texto jurídico, afastando qualquer tipo de subjetividade ou papel pró-ativo na realização do direito.

Essa visão de um Judiciário *passivo* e *mudo* foi objeto de críticas teóricas e empíricas, que foram recebendo ampla adesão ao longo do século XX. O Judiciário passou a exercer papel decisivo na resolução de conflitos, o que vem ensejando a *judicialização da política e das relações sociais*. Num contexto *welfareano* em que há uma pluralidade de normas de eficácia plena e programática que visam, em algum grau, impor um dever de agir ao Executivo, o Judiciário tem sido cada vez mais acionado para resolver conflitos, efetivar direitos e implementar políticas públicas. A ideia de neutralidade – associada à timidez institucional que o Judiciário expressava nos contextos anteriores – passou a ser questionada em prol de uma atuação pró-ativa. O resultado desse processo se expressa na ampliação da criatividade do magistrado e dos poderes institucionais que lhes foram atribuídos no momento da interpretação e aplicação da lei. É possível atribuir essa relevância institucional a alguns elementos, dentre os quais se destacam:

a) a ampliação da possibilidade de controle de constitucionalidade exercido pelo Judiciário por meio da via concentrada (ex.: ação direta de inconstitucionalidade, ação declaratória de constitucionalidade, ação de descumprimento de preceito fundamental etc.) e pela via difusa (por meio de incidentes processuais a serem julgados por juízes monocráticos e tribunais);
b) a intensificação dos mecanismos e estratégias de ampliação do acesso à justiça (ex.: Juizados Especiais Cíveis e Criminais, Justiça Itinerante, Defensoria Pública etc.);
c) o incremento do poder político que as associações de magistrados passaram a exercer no contexto brasileiro de efetivação de direitos, principalmente por meio de manifestos e estratégias de pressão (ex.: Associação dos Juízes Federais do Brasil, Associação Nacional dos Magistrados da Justiça do Trabalho, Associação dos Magistrados Brasileiros etc.).

Tais fatores permitem reconhecer um reforço do papel institucional do Judiciário em tornar os direitos expressos formalmente em efetivamente exercidos pelos seus titulares.

Além disso, no âmbito do direito, outras instituições foram alçadas ao papel de defensoras da sociedade, com especial destaque para o Ministério Público (MP) e a Defensoria Pública, o que ensejou *juridicização da política e das relações sociais*. Em múltiplas questões, a principal estratégia de atuação destas instituições – sobretudo na tutela coletiva de direitos – consiste na extrajudicialidade. A opção extrajudicial pode estar associada a uma limitação estrutural que o próprio Judiciário possui no Brasil, a exemplo da morosidade, da lógica de decidir vencedores etc. Porém, no caso do desenho institucional constituído para essas instituições jurídicas, podemos observar que a extrajudicialidade encontra solo fértil nas suas próprias atribuições constitucionais, calcadas na ideia de autonomia administrativa e orçamentária para o desenvolvimento das funções.

Considerando que, em muitos casos, a estratégia privilegiada dessas instituições é o diálogo, é possível observar que as relações sociais podem sofrer tanto uma *juridicização* (conflitos que não são levados ao Judiciário, mas que são discutidos sob o ponto de vista jurídico, principalmente em momentos pré-processuais pelo Ministério Público e Defensoria Pública) quanto uma *judicialização* (conflitos que são levados ao Judiciário na forma de ação civil pública ou algum outro instrumento processual). Na medida em que há diversas instituições jurídicas (MP, Defensoria Pública etc.) que não utilizam necessariamente o Judiciário para realizar e concretizar suas ações, observa-se um contexto em que os conflitos são discutidos sob o prisma do direito, mas evita-se levar o conflito ao Judiciário, isto é, evita-se a *judicialização* do conflito.

A juridicização desenvolvida pelas demais instituições jurídicas desempenha papel fundamental pelo menos em cinco dimensões:

a) na ênfase da ideia de *consenso pelo diálogo*, ou seja, a valorização do processo de negociação, pactuação e concessão recíproca entre os diversos atores cujo resultado é construído consensualmente, e não por meio de uma sentença;
b) a tentativa de estabelecer estratégias de execução pró-ativa de políticas públicas, de modo a consolidar recursos, diretrizes e compromissos a serem implementados num dado tempo pactuado;

c) a incorporação da sociedade civil como pressuposto para a formulação de consensos que sejam efetivamente plurais;
d) a pluralidade de atores e instituições no processo de interpretação constitucional, que não se restringe somente à interpretação oficial, geral ou abstrata de um tribunal;
e) a constituição de um cenário que busca, por princípio, considerar as especificidades dos contextos em que as demandas estão inseridas para estabelecer estratégias mais efetivas para a satisfação de tais demandas.

Com isso, as instituições jurídicas se apresentam como espaços privilegiados de desenvolvimento da argumentação jurídica, na medida em que permitem a constituição, num mesmo espaço, de dinâmicas de persuasão calcadas em concepções de direito. Porém, ainda assim, não são um espaço exclusivo, na medida em que a argumentação pode se desenvolver em outros contextos institucionais e não institucionais, como será visto. De qualquer forma, em função da oficialidade estatal que tais instituições jurídicas possuem, os argumentos jurídicos são predominantemente discutidos em seu âmbito, o que reforça a sua relevância na produção de consensos de forma persuasiva.

Associados à ampliação do papel das instituições jurídicas, as transformações relacionadas ao campo do direito têm ensejado diversas discussões, a exemplo das seguintes:

a) o que seria legítimo como demanda dos cidadãos;
b) os pressupostos sociais e políticos para a configuração dos sentidos dos direitos que extrapolem o sentido estritamente jurídico;
c) diante da existência de uma pluralidade de direitos que exigem a prestação positiva do Estado, o enfrentamento dos desafios acerca do aporte de recursos econômicos para a sua plena efetivação, o que amplia as práticas de governar direitos.

Em todas essas questões, a atividade de argumentação surge como essencial, e a prática argumentativa se apresenta como o laboratório do jurista, ao menos de bons juristas.

1.5. A prática da argumentação

ESTE livro se propõe a ser fundamentalmente prático. O pressuposto de toda a exposição é que, diante da inexistência de verdades universais no direito, não é possível formular um argumento perfeito. Com isso, procura-se demonstrar que todo argumento é parcial, falho e insuficiente porque necessariamente privilegia determinados aspectos da realidade e negligencia outros aspectos. Todo argumento é passível de contestação, de problematização, de contraposição com a realidade, porque todo argumento é, por natureza, seletivo. Então, diante de sua inerente imperfeição, todo argumento é contingente.

Por isso, o livro se propõe a um duplo objetivo. O *primeiro objetivo* consiste em fornecer ao leitor subsídios para identificar problemas, insuficiências e fraquezas dos argumentos que lhes são apresentados e, sobretudo, de seus próprios argumentos. Como dizia Sócrates, o principal conhecimento é aquele que realizamos sobre nós mesmos. Portanto, o primeiro objetivo consiste em permitir ao leitor um distanciamento necessário para poder analisar argumentos e criticar argumentos de forma mais eficiente, rigorosa e racional, de modo a ampliar a adesão dos interlocutores à sua ideia e, simultaneamente, identificar problemas em seu próprio argumento.

O *segundo objetivo*, por sua vez, é fundamentalmente defensivo. Como não há argumentos perfeitos, todo recurso argumentativo que se utiliza possui falhas e problemas. O livro busca fornecer elementos para que o leitor proteja as falhas de seu próprio argumento, que, por definição, é sempre insuficiente. Nesse sentido, o livro não se propõe a fornecer um passo a passo para o alcance do argumento perfeito, uma vez que este é impossível num contexto de ausência de verdades universais. Pelo contrário, o livro se propõe a auxiliar o leitor na identificação de problemas do seu argumento para que possa proteger tais problemas a partir das diversas estratégias que serão aqui apresentadas.

Observe-se que ambos os objetivos – identificar falhas e proteger falhas – guardam profunda relação com a dimensão prática da argumentação jurídica. O livro busca refletir sobre a prática do direito, principalmente do direito brasileiro, de modo a auxiliar juristas, estudantes, pesquisadores e leigos a transitarem nesse mundo espinhoso e pouco maleável. De um lado, não faria sentido fazer uma abordagem meramente teórica da argumentação a partir de determinados autores renomados ou conhecidos no que concerne ao tema. Os teóricos da argumentação estão presentes aqui, mas não precisam ser citados, justamente para que o texto acadêmico dê relevo ao texto didático. De outro lado, o livro também busca extrapolar as reflexões "rasas" e pouco rigorosas sobre a argumentação jurídica no Brasil, de modo a estabelecer uma leitura pragmática a respeito de como um indivíduo pode transitar de maneira bem-sucedida no mundo do direito e, consequentemente, receber a decisão dos demais interlocutores.

Em virtude dessa natureza prática, o livro volta-se para o desenvolvimento de quatro habilidades:

a) a identificação e o estímulo ao desenvolvimento de atributos individuais para o sucesso na argumentação;
b) a construção de características e possibilidades de "trânsito" de um bom argumentador no ordenamento jurídico;
c) a análise de atributos e caracteres relativos à dinâmica judicial (petição inicial, contestação e sentença) e as possibilidades de persuasão;
d) a análise de limites e possibilidades de argumentar no campo do direito e, em especial, no campo judicial.

1.6. Plano da obra

Este livro visa fornecer parâmetros práticos para uma maior operacionalização da argumentação no mundo do direito, com enfoque especial no Brasil, bem como o estímulo ao aperfeiçoamento de técnicas de construção de textos e sustentações persuasivas. Além disso, objetiva-se demonstrar os principais tipos de argumento para que sejam facilmente utilizados na composição de peças jurídicas, discursos, palestras, comunicações etc. Por essa razão, o livro busca constituir fundamentos para a avaliação da própria capacidade de persuasão, com o objetivo de que cada leitor possa desenvolver em si as virtudes argumentativas que lhes sejam de maior proveito. Trata-se, portanto, de um curso prático de argumentação, que apresenta ao leitor um conteúdo maleável, acessível e com teorias implícitas, sem ter que remeter aos teóricos de argumentação em todo momento, o que torna a leitura muito mais agradável e confortável.

No próximo capítulo, intitulado "Argumentação Jurídica: pressupostos e desenvolvimento", será realizada uma reflexão sobre os pressupostos relacionados à argumentação jurídica, com especial enfoque para as peculiaridades brasileiras, buscando estabelecer sua dinâmica, elementos característicos e principais estratégias de operacionalização, que são decisivos para aquele que se propõe a ser um bom argumentador.

No capítulo posterior, intitulado "Atributos individuais do bom argumentador", será realizada uma reflexão sobre quais características um bom argumentador tem que possuir ou desenvolver para obter sucesso num contexto de embate argumentativo de ideias no direito. Serão apresentados atributos genéricos (postura crítica, interdisciplinaridade e capacidade analítica) e específicos (criatividade, paradigmas, autoestima, comunicação etc.), que, se desenvolvidos de forma apropriada, permitem a ampliação da possibilidade de sucesso no mundo do direito.

Em seguida, serão apresentados mais dois capítulos, intitulados "As normas jurídicas" e "As instituições jurídicas". O primeiro busca estabelecer uma reflexão sobre os conflitos e estratégias de negociação e consenso no direito, além de apresentar um debate sobre os limites da hermenêutica jurídica e sobre a importância das regras e princípios no ordenamento jurídico brasileiro. O segundo busca estabelecer uma reflexão sobre as instituições jurídicas no Brasil em contextos de judicialização e juridicização, buscando enfatizar principalmente o processo judicial a partir de três momentos (tese, antítese e síntese).

Por fim, no último capítulo, intitulado "Considerações finais: como transitar no mundo do direito?", busca-se fornecer parâmetros e diretrizes básicas de "trânsito" no mundo do direito, de modo a reforçar que, diante da existência inevitável de argumentos falhos, o bom argumentador deve adotar uma atitude protetiva em relação a seu próprio argumento. Esse capítulo busca apresentar a complexidade do tema e, simultaneamente, fornecer algumas luzes de ação.

Sejam bem-vindos...

QUESTÕES PARA REFLEXÃO

1. Busque fundamentar três motivos para a afirmação "vivemos num mundo de argumentos".
2. Estabeleça um exemplo concreto de cada tipo de estratégia argumentativa: do resultado, da decisão e da persuasão.
3. Por que a valorização da argumentação encontra-se relacionada ao processo de desencantamento do mundo?
4. Explique com exemplos a seguinte frase: "diante da derrocada da *verdade* no mundo contemporâneo, o *argumento* se apresenta como a principal forma de interação social nas diversas situações em que os indivíduos se encontram".
5. Quais características deve possuir um bom argumento? Cite e explique pelo menos cinco características.
6. Quais as possíveis relações existentes entre a argumentação e o direito?
7. O que significa dizer que a argumentação jurídica não é somente uma argumentação sobre o direito?
8. Busque estabelecer três elementos históricos que operaram na transformação do direito rumo à incorporação e valorização da argumentação.
9. Qual a contribuição do pós-positivismo para a inserção da argumentação no campo do direito?
10. Busque estabelecer três elementos institucionais que operaram na transformação do direito rumo à incorporação e valorização da argumentação.
11. Quais as transformações pelas quais passaram as instituições jurídicas para a inserção da argumentação no campo do direito?
12. Cite e explique três fatores que contribuíram para o protagonismo contemporâneo do Judiciário.
13. Diferencie as ideias de judicialização e juridicização.

INDICAÇÃO DE FILMES

1) ***Amistad*** *(Amistad)*
Ano: 1997
Duração: 152 minutos
Diretor: Steven Spielberg

Descrição: Baseado em fatos reais, o filme retrata um cenário de 1843, em que 45 negros estavam sendo levados para o Haiti em um navio chamado Amistad. Houve uma rebelião e os rebeldes conseguiram conduzir o navio até os Estados Unidos, ocasião em que deflagraram conflitos com o navio americano Washington. O Amistad foi apreendido e suscitou-se um processo judicial na Suprema Corte, que decidiu por declarar livres os negros e determinar que o governo os transportasse novamente para a África. O filme é fundamental na compreensão do papel da argumentação para o campo do direito, pois evidencia como os atores podem mobilizá-la de forma persuasiva.

2) ***Mar adentro*** *(Mar adentro)*
Ano: 2004
Duração: 125 minutos
Diretor: Alejandro Amenábar
Descrição: Ramón Sampedro sofreu um acidente e ficou tetraplégico há 26 anos. Vive na Galícia com sua família e deseja morrer, pois não vê sentido em viver daquela forma. Apesar da família ser contra, Ramón entra em contato com a organização não governamental Direito de Morrer Dignamente (DMD), por meio da qual propõe uma ação judicial para concretizar sua vontade e deixar de punir quem o eventualmente o auxilie. O filme permite discutir uma gama de questões relacionadas à mobilização de argumentos jurídicos, destacando que a argumentação jurídica não se reduz às normas jurídicas.

3) ***O homem que fazia chover*** *(The rainmaker)*
Ano: 1997
Duração: 134 minutos
Diretor: Francis Ford Coppola
Descrição: O filme é baseado em uma história do escritor John Grisham. Um jovem advogado recém-formado consegue emprego em um pequeno escritório de advocacia. O filme destaca a importância do exame de Ordem logo após a formatura e enfatiza o papel do advogado enquanto um "rainmaker", ou seja, alguém que deve promover ações

argumentativas convincentes para receber a adesão dos demais atores jurídicos. Trata-se de uma visão sobre a profissão do advogado e os desafios que se apresentam no cotidiano do direito.

4) ***O júri*** *(Runaway jury)*
Ano: 2003
Duração: 127 minutos
Diretor: Gary Fleder
Descrição: Este filme também é baseado no livro de John Grishan. Trata-se de um caso em que a esposa de um falecido aciona uma fábrica de armas. O filme apresenta os bastidores de seleção dos jurados, que se traduz na manipulação do júri e na escolha de seus participantes a partir de critérios mais favoráveis. A trama permite estabelecer uma série de discussões a respeito do papel dos indivíduos no sucesso da argumentação, além de ressaltar os diversos recursos extraoficiais que são utilizados.

II

Argumentação jurídica: pressupostos e desenvolvimento

2.1. Questões gerais

O QUE SIGNIFICA ARGUMENTAÇÃO jurídica? Muito se fala de argumentação, convencimento e persuasão, mas pouco se reflete sobre os elementos definidores do campo da argumentação jurídica, e em que medida esse campo se relaciona com os demais saberes de forma interdisciplinar. A argumentação jurídica tornou-se um verdadeiro "lugar comum", em que muito se disserta e se emite opiniões, mas, de fato, pouco se reflete de forma rigorosa sobre seus pressupostos e desenvolvimento.

Em geral, as reflexões sobre a argumentação jurídica não são propriamente sobre suas características intrínsecas, mas sim reflexões sobre como a temática da argumentação se insere num contexto mais amplo, que é o contexto do direito. Essa abordagem relacional e externa da argumentação possui fortes limitações, sobretudo porque não enfrenta a dinâmica interna de desenvolvimento de contextos argumentativos, tampouco nos auxilia a pensar a argumentação na prática. Assumir a argumentação como uma ferramenta do direito não esgota de maneira suficiente outras questões que podem ser suscitadas.

De fato, uma reflexão que se dedique ao tema da argumentação jurídica não pode olvidar essas características internas, que são definidoras de seus pressupostos. Daí a necessidade de delinear efetivamente o que quer dizer a argumentação, e em que medida ela influi, modifica e altera o campo do direito em sua interface com outros saberes e práticas que, em boa parte das vezes, não são propriamente jurídicos. A argumentação, em ampla medida, auxilia na constituição de sinergias e convergências entre o campo do direito e os demais campos do conhecimento.

Desse modo, as principais características da argumentação jurídica, que serão analisadas à frente, são as seguintes:

a) a incorporação de outros campos de saber;
b) o conhecimento do outro e das circunstâncias;
c) evitar prejulgamentos e realizar justificativas razoáveis;
d) organização racional de ideias.

2.2. Incorporação dos campos de saber

A ARGUMENTAÇÃO jurídica não é somente uma argumentação sobre o direito. Apesar de diversas temáticas serem discutidas no interior do campo do direito, não são exclusivamente jurídicas. Isso quer dizer que os diversos temas discutidos no campo do direito englobam, em ampla medida, aspectos políticos, jurídicos, econômicos, sociais, culturais, religiosos, biológicos etc. Por isso, a argumentação jurídica não se reduz à mera argumentação sobre o direito, assim como não se desenvolve exclusivamente por juristas. Os demais atores sociais e políticos desempenham papel fundamental para a constituição e consolidação de estratégias argumentativas.

Em muitos casos, ainda é possível afirmar que a adoção e a valorização exclusiva do argumento oferecido pelo campo do direito pode ensejar o fracasso da argumentação e a não adesão dos interlocutores. Vejamos um exemplo:

Quando se discute política de cotas em universidades, não se pode adotar somente o referencial do direito para sustentar de forma convincente uma argumentação, seja ela a favor ou contra. Em ambos os casos, os defensores e os não defensores das cotas podem mobilizar argumentos do campo do direito. Comumente os que são contra utilizam os princípios da livre-iniciativa, da igualdade perante a lei e da legalidade, ao passo que os que são a favor utilizam os princípios da igualdade material, da redução das desigualdades e, até mesmo, da vedação do retrocesso.

Porém, para serem convincentes, devem necessariamente utilizar outros campos de saber. Os instrumentais que o direito oferece não esgotam as possibilidades de construção de um argumento convincente.

Pelo contrário, o argumentador pode ir além e fazer uso de argumentos, saberes e práticas pertencentes a outros campos de saber. A título exemplificativo, em geral, aqueles que são contra as cotas sustentam referenciais políticos (igualdade formal, meritocracia), econômicos (necessidade de investimento em mais vagas e professores, e não em reserva de vagas), estruturais (prioritariamente deveria haver investimento em escolas de base, e não em acessos "facilitadores") etc. Aqueles que são a favor sustentam igualmente referenciais políticos (igualdade concreta, negligência governamental histórica), econômicos (criação de igualdade de oportunidades na ascensão econômica), estruturais (intensificação da pluralidade universitária).

Observe-se que, para que a argumentação seja satisfatoriamente convincente, não bastam os instrumentos oferecidos pelo campo do direito. Para posicionar-se a favor ou contra a política de cotas, aborto de fetos anencéfalos, tributação na indenização por danos morais ou reintegração de posse por ocupação do MST, é preciso lançar mão de uma série de instrumentais do direito e de outros campos de saber. Da mesma forma, não é possível sustentar uma tese jurídica convincente sobre a (im)possibilidade de pesquisa de embriões por células-tronco ignorando os outros campos de saber e, nesse caso, até mesmo o campo da religião. A argumentação jurídica, para ser convincente, clama incessantemente pela interdisciplinaridade.

Uma boa argumentação consegue articular, de forma original e convincente, aspectos culturais, sociológicos, políticos, jurídicos, axiológicos etc. Nesse sentido, como salientado, toda argumentação jurídica não se reduz a uma argumentação sobre o direito, inclusive porque tal reducionismo pode implicar o fracasso do argumento. O exercício de interdisciplinaridade é fundamental para o seu sucesso, sendo relevante reconhecer que os recursos argumentativos jurídicos são apenas mais um referencial da argumentação jurídica.

2.3. Conhecimento do outro e das circunstâncias

NÃO existe interlocutor indiscriminado ou abstrato quando se argumenta juridicamente. Os interlocutores não devem ser vistos como um bloco monolítico, tampouco o argumentador pode iniciar argumentos sem se preocupar em saber as características básicas do seu interlocutor. Para uma argumentação ser bem-sucedida, é preciso que o indivíduo busque conhecer minimamente o perfil do(s) interlocutor(es) e as circunstâncias em que o argumento é realizado. Ou seja, é preciso conhecer o outro em seu contexto.

De fato, muitos dos equívocos em matéria de argumentação estão relacionados ao desconhecimento, ignorância ou negligência do argumentador acerca das características dos interlocutores, bem como das circunstâncias e contextos em que incidirá a argumentação. Em alguns casos, o problema é a adequação da linguagem ao público, por exemplo:

a) um professor de direito que, no primeiro dia de aula, lança mão de uma série de jargões jurídicos em latim para ensinar seus alunos de primeiro período o que são direitos fundamentais;
b) um advogado que conduz uma argumentação altamente elaborada e repleta de conceitos jurídicos numa petição de juizado especial cível, que preza pela simplicidade e economicidade;
c) um defensor público que, ao prestar uma assistência jurídica, simplesmente utiliza termos técnicos para explicar ao hipossuficiente uma determinada decisão judicial.

Em outros casos, o problema consiste na insensibilidade ao contexto. É comum lançar mão de argumentos sem ter a exata precisão do momento mais adequado, ou então buscar persuadir um interlocutor quando este não se encontra predisposto por motivo de tempo. São exemplos:

a) um juiz que, antes mesmo de aguardar a possibilidade de realização de acordo em audiência, já busca marcar a audiência de instrução e julgamento, de modo a ignorar a vontade das partes em acordar;
b) um advogado que, ao despachar com o juiz uma questão complexa, decide fazê-lo no último dia, no final do expediente, o que pode ensejar a indisponibilidade do magistrado;
c) um membro do Ministério Público que esteja conduzindo um inquérito e, de antemão, já afirma em canais midiáticos que o investigado é culpado e cumprirá a pena no "rigor da lei".

Desse modo, diante da necessidade de conhecer as características do interlocutor e os contextos específicos em que incidirão o argumento, é possível afirmar que a atividade argumentativa é sempre uma atividade de adequação. A adequação de argumentos, a compreensão dos contextos e a incorporação do interlocutor são elementos essenciais para o sucesso da argumentação. O argumentador que busca minimamente compreender o interlocutor em seu contexto terá dado um passo efetivo rumo à comunicação eficaz.

Logicamente, nem sempre é possível conhecer o perfil do interlocutor ou as circunstâncias em que ele se encontra inserido. Nesses casos, o exercício de argumentação se torna ainda mais complexo, pois requer do indivíduo uma sensibilidade significativa durante a comunicação. A principal estratégia consiste em não realizar afirmações contundentes, excludentes ou fixas. Além disso, é importante buscar reconhecer no interlocutor algumas características elementares para o sucesso do argumento com uma conversa prévia, nem que seja de alguns minutos e sobre assuntos paralelos ao principal. Considera-se ainda importante, como será visto, afastar-se de prejulgamentos e estereótipos sobre o interlocutor, buscando-se realizar, sempre que possível, justificativas razoáveis que encorajem sua adesão.

2.4. Evitando prejulgamentos e realizando justificativas razoáveis

NA verdade, antes de caracterizar qualquer decisão, escolha ou julgamento – ou, ainda, qualquer lei ou regulamento – como injusto, devemos estabelecer as razões que justificam essa opinião. Tais razões devem ser adequadas em função dos interlocutores a que se está endereçando, além de serem compartilhadas por tais interlocutores. Não basta a mera opinião acerca da (i)legalidade, (in)justiça ou (ir)razoabilidade de uma decisão, mas sim as justificativas que permitam afirmar, reforçar e defender de forma persuasiva tal opinião.

O argumentador que assume o seu argumento como imutável, fixo ou universalmente verdadeiro não vai muito além. A superação do seu argumento será uma questão de tempo ou de oportunidade. Como visto, não existem verdades universais, o que abre espaço para a atividade de persuasão. Todo argumento é parcial, falho e insuficiente justamente porque privilegia necessariamente determinados aspectos da realidade e negligencia outros aspectos, situando-os em segundo plano. Todo argumento é passível de contestação, de problematização, de contraposição com a realidade. Então, diante de sua inerente imperfeição, todo argumento é contingente.

Assim, evitar os prejulgamentos é essencial para o conhecimento do outro e para identificar problemas, insuficiências e fraquezas dos argumentos que lhe são apresentados e, sobretudo, de seus próprios argumentos. É preciso um distanciamento para poder analisar argumentos e criticá-los de forma mais eficiente, rigorosa e racional, de modo a ampliar a adesão dos interlocutores à sua ideia. Ao se realizar um prejulgamento acerca do interlocutor, sufoca-se a possibilidade de conhecê-lo efetivamente e, assim, de adequar a argumentação às suas especificidades e circunstâncias.

Não bastando, toda e qualquer justificativa que busque ampliar a adesão dos interlocutores num contexto de argumentação jurídica deve ser razoável. Justificativas poucos razoáveis, exorbitantes e ilusórias, por mais que o argumento seja convincente e adequado, podem interferir negativamente na adesão dos interlocutores. A razoabilidade da justificativa se relaciona a uma série de fatores, dentre os quais se destaca a sensibilidade do argumentador em identificar as características e predisposições do interlocutor.

Portanto, a atividade argumentativa é sempre uma atividade de adequação entre meios e fins, buscando-se, a todo momento, evitar caracterizar o interlocutor em molduras cognitivas preestabelecidas. Busca-se realizar, sempre que possível, as justificativas públicas mais convincentes para um determinado perfil, considerando-se sempre os aspectos objetivos e subjetivos presentes no sucesso da argumentação.

2.5. Organização racional de ideias

O ARGUMENTO pode articular outros campos de saber, pode considerar o outro em suas circunstâncias e aspirações, pode afastar qualquer prejulgamento e, até mesmo, possuir justificativas públicas razoáveis. Porém, é preciso reforçar que tudo isso pode ser irrelevante se não há uma organização racional de ideias ao longo da exposição do argumento. Vejamos um exemplo:

É comum encontrar petições iniciais escritas por advogados que não se submetem a uma ordem temporal ou lógica no que concerne à exposição dos argumentos. Sobretudo nos casos em que devem ser explicitadas muitas informações, as petições podem conter uma série de imprecisões e, mais ainda, a organização dos argumentos pode ser irracional, confusa e, até mesmo, contraditória. A argumentação jurídica é uma arte, e como qualquer pintura, pressupõe uma organização dos traçados, tintas e sombreamentos. Deve-se buscar, em qualquer circunstância em que se expresse um argumento, apresentá-lo com clareza, organização e inteligência. Nesse sentido, estabelecer um método de exposição do argumento é tão importante quanto o próprio conteúdo do que será exposto.

Em outras palavras, tão importante quanto o conteúdo do argumento é a sua forma de exposição. Em geral, os indivíduos sobrevalorizam o conteúdo, sem conferir muita atenção à forma de expressá-lo. É possível observar pessoas com um argumento muito bom, mas com uma organização da exposição ruim. Em outros casos, pode acontecer o inverso. Além disso, ainda pode ocorrer do argumento e da exposição serem ruins ou, o que seria o ideal, de ambos serem bons.

O argumentador deve ser capaz de oferecer um método racional e razoável que diga respeito ao procedimento de interpretação e de exposição do argumento, assim como um conjunto de critérios ou diretrizes para ampliar a adesão por parte dos interlocutores. Aliar forma e conteúdo de maneira inteligente, assim como o faz um escultor ou um pintor, é fundamental na arte da argumentação.

2.6. Elementos da argumentação jurídica

De fato, considerando a análise dos elementos anteriores, é possível alcançar uma ideia mais precisa do que significa argumentação jurídica na prática. Conjugando o que foi dito, é possível dizer que a argumentação jurídica engloba aspectos que extrapolam o mundo do direito, implicando um conhecimento sobre o outro, o qual estará em interação com o interlocutor a partir de uma organização racional de ideias, com o objetivo de persuasão.

Isso complexifica ainda mais a atividade argumentativa, sobretudo porque tais elementos incidem simultaneamente ao longo da exposição do argumento e possuem variações significativas de tempo, espaço, contextos e sujeitos envolvidos. Por essa razão, e isso ficará mais claro nos próximos capítulos, é impossível estabelecer regras fixas ou passos "milagrosos" para o sucesso de uma argumentação. A atividade argumentativa é muito mais complexa e mais plural, o que exige do argumentador constantemente atenção, adequação e sensibilidade.

Como não há argumentos perfeitos, todo recurso argumentativo utilizado apresenta desafios porque pressupõe um arranjo de diversos elementos. Daí a impossibilidade de ser propor um passo a passo para o alcance do argumento perfeito, uma vez que este é inalcançável num contexto de ausência de verdades universais. Nos próximos capítulos, o objetivo consiste em auxiliar o leitor na identificação de problemas do seu argumento para que possa protegê-lo a partir das diversas estratégias apresentadas. Um dos principais desafios consiste em compreender os atributos individuais de um bom argumentador para, então, estimular o seu aperfeiçoamento.

QUESTÕES PARA REFLEXÃO

1. Quais são os elementos definidores da argumentação jurídica?
2. Cite e explique um limite referente à abordagem externa da argumentação sobre o campo do direito.
3. Escolha duas características internas da argumentação jurídica e busque realizar, pelo menos, duas relações diretas entre elas.
4. O que significa dizer que a argumentação jurídica é necessariamente interdisciplinar?
5. Explique a frase "não existe interlocutor indiscriminado quando se argumenta juridicamente".
6. Estabeleça duas estratégias que podem ser utilizadas para conhecer características básicas de uma pessoa que se conheceu no momento.
7. Por que é importante conhecer as características do interlocutor e possuir sensibilidade acerca do contexto em que se insere a argumentação? Explique com dois exemplos.
8. Qual a relevância de se evitar prejulgamentos para a argumentação?
9. Por que todo argumento é contingente?

10. Em que consiste a frase "a atividade argumentativa é sempre uma atividade de adequação entre meios e fins"?
11. Como a organização racional de ideias pode contribuir para o sucesso da argumentação?
12. Explique com exemplos a afirmação "a argumentação jurídica engloba aspectos que *extrapolam o mundo do direito*, implicando um *conhecimento sobre o outro*, o qual estará em interação com o interlocutor a partir de uma *organização racional de ideias*, com o objetivo de *persuasão*"?

INDICAÇÃO DE FILMES

1) ***Anatomia de um crime*** *(Anatomy of a murder)*
Ano: 1959
Duração: 160 minutos
Diretor: Otto Preminger
Descrição: Um oficial do exército mata o homem que teria estuprado sua esposa, sendo a defesa realizada por um advogado excêntrico. O filme se desenvolve a partir de uma série de discussões sobre o estado de sanidade, contrapondo visões jurídicas, sociais e biológicas a respeito do assunto. Assim, permite visualizar a importância da incorporação de outros campos de saber no interior do direito.

2) ***Entre a luz e as trevas*** *(The hour of the pig)*
Ano: 1993
Duração: 102 minutos
Diretor: Leslie Megahey
Descrição: O filme se desenvolve no cenário francês do século XV. Um advogado de Paris muda-se para o campo à procura de uma vida mais tranquila. Lá é apontado como patrono de um homem acusado de assassinar o suposto amante da mulher com uma série de argumentos incomuns, tais como a feiura da esposa. Em outro caso, o advogado defendeu até um porco de um suposto assassinato, mobilizando outros argumentos bastante criativos. O filme é fundamental para a compreensão das estratégias que o argumentador pode adotar no campo do direito.

3) ***Juramento ao silêncio*** *(Sworn to silence)*
Ano: 1987
Duração: 95 minutos
Diretor: Peter Levin
Descrição: Um homem preso sob a acusação de estupro e morte de uma mulher pede que seja indicado para defendê-lo um determinado advogado, que reluta inicialmente, mas é convencido pelo juiz. O réu informa ao advogado que ainda cometeu outros crimes e solicita-lhe ajuda na absolvição. O advogado realiza uma série de incursões principiológicas na defesa do acusado, o que reforçou substancialmente sua argumentação. Então o advogado passa a ser censurado pela própria sociedade, indicando desafios à sua permanência no cargo.

4) ***O povo contra Larry Flynt*** *(The people vs. Larry Flynt)*
Ano: 1996
Duração: 129 minutos
Diretor: Milos Forman
Descrição: Larry Flynt e seu irmão foram criados no sul dos Estados Unidos de maneira modesta e, quando adultos, montam um bar com exibição de dançarinas eróticas. Com a finalidade de divulgar as atividades do bar, Larry criou um boletim informativo, que causou uma grande polêmica na sociedade americana. Larry é processado por difamação de um personagem por meio da revista, sendo absolvido. O filme revela justamente a tensão que se estabelece na argumentação para o rompimento de paradigmas e preconceitos.

III

Atributos individuais do bom argumentador

3.1. Questões gerais

A ARGUMENTAÇÃO POSSUI RELAÇÃO direta com os atributos individuais do argumentador. Em geral, os estudos sobre argumentação jurídica admitem o argumentador como fortemente homogêneo e sem diferenças significativas do ponto de vista social, político, cultural, jurídico etc. Trata-se de um evidente equívoco, pois desconsidera a possibilidade dos atributos pertencerem aos indivíduos de forma desigual e, portanto, não confere relevo às variações de atributos entre indivíduos.

Os indivíduos são diferentes porque possuem atributos diferentes em intensidade, mas isso não quer dizer que uns sejam melhores que outros, ou que sejam superiores ou inferiores. De fato, a forma de mobilizar as teses, a sensibilidade para falar na hora certa e a postura diante do interlocutor são todos atributos essenciais para a atividade argumentativa. Portanto, qualquer reflexão pragmática sobre o ato de argumentar pressupõe um estudo sobre o seu principal, mas não exclusivo, personagem: o argumentador.

Os atributos individuais podem influir decisivamente no sucesso da persuasão. Como visto, o indivíduo argumenta juridicamente considerando uma série de elementos e utilizando diversos conteúdos e campos de saber, sendo necessário compreender em que medida seus atributos o auxiliam em sua relação com o interlocutor. Assim, é preciso assumir dois pressupostos.

O *primeiro* consiste no seguinte: os indivíduos possuem atributos individuais, mas tais atributos são distribuídos desigualmente. Ninguém é bom em tudo, tampouco todos são bons acerca das mesmas coisas. De forma realística, todos somos peculiares, o que implica numa distribuição desigual dos atributos individuais, seja porque nascemos assim, seja porque o meio social nos moldou dessa forma. Alguns são mais criativos, outros são mais comunicativos, outros são mais perceptivos, outros são mais persuasivos etc. Como desdobramento, não existe a possibilidade de hierarquizar os atributos individuais, na medida em que somente a combinação e a articulação de tais atributos é que pode ensejar o sucesso na argumentação.

O *segundo* pressuposto, por sua vez, é prospectivo: apesar da existência de uma desigualdade do ponto de vista dos atributos, sempre há a possibilidade de aperfeiçoar os atributos que estejam deficientes e desenvolver os que já se encontram sólidos. O fato de o indivíduo ser costumeiramente pouco criativo não quer dizer que ele não possa aperfeiçoar sua criatividade ao longo do tempo, assim como o fato do indivíduo possuir grande autoestima não quer dizer que ele não possa desenvolver tal atributo ainda mais. Em outras palavras, os indivíduos sempre podem ampliar, estimular e potencializar seus atributos individuais, de modo a qualificar e reforçar sua atividade argumentativa.

Em ambos os pressupostos – desigualdade de atributos e possibilidade de aperfeiçoamento ou desenvolvimento – surge a necessidade de autoconhecimento. Ou seja, somente através de uma atitude reflexiva sobre si próprio o indivíduo pode identificar deficiências de atributos e, com paciência e determinação, atuar no seu aperfeiçoamento ou desenvolvimento. Uma boa estratégia também consiste em ouvir as críticas dos demais interlocutores, pois podem indicar problemas individuais, lógicos e estruturais na atividade argumentativa.

Dentre os principais atributos individuais de um bom argumentador, que são fundamentais no cotidiano das estratégias argumentativas, podemos identificar três atributos genéricos (postura crítica, interdisciplinaridade e capacidade analítica) e cinco específicos (recursos linguísticos e discursivos, percepção, comunicação, rompimento de paradigmas com criatividade e autoestima).

3.2. Os atributos genéricos: postura crítica, interdisciplinaridade e capacidade analítica

Os atributos genéricos são imprescindíveis durante a atividade de persuasão. Em ampla medida, tais atributos auxiliam o indivíduo nos diversos âmbitos da vida social. Além disso, esses atributos orientam decisivamente o desenvolvimento dos atributos específicos, acima referidos, o que permite ao indivíduo potencializar suas estratégias argumentativas e aumentar consideravelmente a possibilidade de adesão por parte dos interlocutores.

O *primeiro* desses atributos consiste na postura crítica. Esse atributo se traduz na postura que o indivíduo deve assumir quando lhes são apresentados os argumentos, buscando não se envolver ou ser persuadido de forma ingênua e acrítica Por mais convincentes e razoáveis que possam ser, todos os argumentos possuem falhas e limitações. Assim, a postura do indivíduo diante de um argumento deve privilegiar a busca pela superação do que o próprio argumento diz e visualizar limites, desafios, contradições e problemas, que certamente estarão presentes em todo e qualquer argumento. De fato, esse atributo exige uma postura crítica não só em relação aos argumentos apresentados por outrem, mas também em relação aos argumentos apresentados por nós mesmos. Não podemos nos "apaixonar" pelo nosso argumento; devemos admiti-lo como um "estranho a ser conhecido a todo momento".

O *segundo* atributo consiste na interdisciplinaridade. Como visto, um bom argumento abarca, em seu conteúdo, diversos campos de saber. É imprescindível que o indivíduo supere a divisão disciplinar do conhecimento e promova uma reflexão interdisciplinar sobre os assuntos jurídicos pelo simples fato de tais assuntos serem, por definição, interdisciplinares. A título exemplificativo, para defender ou criticar de forma convincente o instituto da guarda compartilhada no direito de família ou a substituição de penas privativas de liberdade por penas restritivas de direito no direito penal, o argumentador deve ser capaz de articular os saberes e práticas de diversos campos do conhecimento, tais como psicologia, sociologia, criminologia, política e inclusive o próprio campo do direito. A postura interdisciplinar busca superar o exclusivismo típico da abordagem jurídica tradicional, fortemente calcada no formalismo, e propor uma reflexão dos fatos jurídicos como também fatos sociais, culturais, econômicos etc.

O *terceiro* atributo consiste na capacidade analítica. É essencial não se "imergir" no argumento a ponto de não conseguir pensá-lo de forma crítica; deve-se admiti-lo sempre como passível de críticas, ganhando relevo a atividade de "distanciamento" do indivíduo para identificar e promover tais críticas em relação ao argumento alheio e em relação ao seu próprio argumento. Portanto, o indivíduo deve desenvolver sua capacidade de analisar argumentos e pensar criticamente sobre seus limites e possibilidades de aplicação. A capacidade analítica é essencial no processo reflexivo, possibilitando ao indivíduo uma identificação mais rigorosa de suas estratégias argumentativas.

A combinação dos três atributos – postura crítica, interdisciplinaridade e capacidade analítica – permite ao argumentador estabelecer, ao longo do processo de persuasão, estratégias argumentativas mais sólidas, razoáveis e convincentes. São atributos imprescindíveis quando se trata de argumentação no direito, além de orientarem o desenvolvimento dos atributos específicos, que serão vistos a seguir.

3.3. A importância dos recursos linguísticos e discursivos

a) A utilização dos recursos

ARGUMENTAR é expressar-se, e toda expressão envolve algum tipo de recurso linguístico e discursivo a ser utilizado pelo argumentador. Nas ciências sociais e no direito, sobretudo a partir da "virada linguística" que se operou na segunda metade do século XX, os recursos e os atos de fala receberam forte atenção nos diversos estudos que foram se desenvolvendo. O indivíduo possui uma série de recursos linguísticos e discursivos a seu dispor, que se multiplicam se pensarmos nos diversos contextos e estratégias em que podemos inseri-los.

Considerando que o contexto argumentativo se caracteriza pela presença de um interlocutor, que será alvo da persuasão, é preciso que o argumentador tenha um domínio mínimo a respeito de três tipos de recursos:

a) recursos linguísticos e discursivos em geral;
b) recursos linguísticos e discursivos adequados ao campo de saber;
c) recursos linguísticos e discursivos adequados ao interlocutor.

O *primeiro* – recurso em geral – consiste na necessidade de o argumentador saber utilizar as características verbais, gestuais e de outros tipos, buscando alcançar o sucesso no contexto argumentativo. Como se costuma dizer, "o corpo fala", então é fundamental articular de forma inteligente e persuasiva a palavra e os gestos, o discurso e a ação, o que certamente será decisivo para o sucesso na argumentação.

O *segundo* – recurso adequado ao campo de saber – consiste na necessidade do argumentador saber os conteúdos, assuntos e instrumentos atinentes ao campo de saber (psicologia, medicina, direito etc.) ao qual ele está se referindo. Para transitar de maneira eficaz nos recursos à sua disposição, o argumentador deve buscar aproximar-se dos conteúdos específicos dos diversos campos de saber que utiliza em seu argumento. A utilização de dados, conceitos e ideias fundamentais auxiliam fortemente nessa questão.

O *terceiro* – recurso adequado ao interlocutor – consiste na necessidade de o argumentador conhecer o outro, buscando adequar o seu discurso aos conhecimentos linguísticos e discursivos do interlocutor. Se os recursos utilizados não são comuns, acessíveis ou minimamente conhecidos pelo interlocutor, é possível que a persuasão não se concretize.

Desse modo, parafraseando Hans-Georg Gadamer, a *fusão de horizontes* que se trava no contexto da argumentação jurídica exige do indivíduo o conhecimento aprofundado dos três tipos de recursos, num esforço contínuo de adequação. Isso reforça a ideia de que a atividade argumentativa não é trivial ou mecânica, na medida em que envolve uma permanente racionalização do processo de persuasão por parte do argumentador.

b) Interpretação e argumentação

Ao se reconhecer a ideia de *fusão de horizontes*, é preciso também admitir a forte relação entre interpretar e argumentar, o que torna imperioso o domínio dos recursos linguísticos e discursivos. *Interpretar*, num sentido despretensioso, significa realizar um juízo sobre algo que se encontra na realidade. Trata-se, então, de uma avaliação que determinado indivíduo realiza sobre algum aspecto da realidade, de modo a formar a sua concepção sobre tal aspecto. Quando lemos um código, recitamos uma poesia ou observamos uma placa de trânsito, estamos sempre interpretando. *Argumentar*, por sua vez, consiste na expressão da interpretação, ou seja, é o momento em que o indivíduo articula discursivamente aquele juízo que realizou sobre a realidade e expressa-o verbal ou corporalmente. Trata-se, então, de uma ação que determinado indivíduo realiza com a finalidade de evidenciar sua interpretação e, simultaneamente, de persuadir os demais interlocutores de que tal interpretação é a mais razoável e, portanto, merece a sua adesão.

Quando se assume uma forte relação entre interpretação e argumentação, busca-se justamente chamar atenção para o seguinte: é possível observar pessoas com uma interpretação muito boa, mas com uma argumentação ruim. Em outros casos, pode acontecer o inverso, em que a argumentação destoa em relação à interpretação. Ainda pode ocorrer de a interpretação e a argumentação serem ruins ou, o que seria o ideal, de ambas serem boas. De qualquer forma, tão relevante quanto argumentar é interpretar, e isso não é trivial.

Vejamos um caso hipotético bastante apropriado, que foi desenvolvido por Guilherme Gonçalves e Márcio Grandchamp na Fundação Getúlio Vargas. Os autores informam que a Assembleia Legislativa do Município do Rio de Janeiro aprovou a Lei nº 4.104/2004 ("Lei de Limpeza Urbana"), contendo a seguinte disposição: *"Art. 83. Deixar lixo em lagoas, praias, mar, oceano ou outras áreas de proteção ambiental, sujeitará o infrator a multa inicial, no valor de R$ 200,00, independentemente de outras sanções"*. Desde então, hipoteticamente, graças ao sistema de vigilância eletrônica da praia monitorado pelo Batalhão de Polícia Militar do Rio de Janeiro, os agentes municipais de limpeza registraram cinco diferentes possíveis violações à referida Lei, em razão de terem sido deixados os seguintes itens nos trechos cobertos pelas câmeras:

a) um anel de brilhante;

b) uma lata de cerveja vazia;

c) uma escultura de areia pintada, representando a Santa Ceia;

d) uma pilha de conchas;

e) um livro lido e sublinhado.

Os cinco possíveis infratores já teriam sido identificados e a Prefeitura pretendia multá-los, caso a Procuradoria entendesse pela possibilidade de aplicação da Lei nº 4.104/2004 em cada um dos casos. Assim, os autores solicitaram a discussão a respeito de qual(is) dos itens efetivamente viola(m) a disposição legal mencionada.

De fato, o que está por trás desse caso hipotético é a articulação entre interpretação e argumentação. *A priori*, nenhum dos itens pode ser qualificado sem restrições na categoria de "lixo", uma vez que as interpretações sobre o que consiste a ideia de "lixo" e as interpretações sobre se os itens são efetivamente "lixo" podem variar bruscamente. A título exemplificativo, se interpretamos que lixo é algo que suja, uma lata de cerveja se enquadraria no conceito. Mas se interpretamos que lixo é algo que não está em consonância com o *habitat* natural, aí somente a pilha de conchas deixaria de sê-lo. Se adotamos o critério de ser inservível, o anel de brilhante teria mais utilidade que a escultura de areia da santa ceia.

Portanto, o que vai definir qual interpretação parece ser a mais razoável e que merece a adesão dos interlocutores é a argumentação. O argumento vai permitir que o indivíduo convença os demais interlocutores de que sua interpretação merece adesão. A princípio, todos os itens podem ou não ser interpretados como lixo. Havendo várias respostas válidas, somente se chega a uma definição a partir da argumentação, o que confere relevo aos recursos linguísticos e discursivos. Indo além, a argumentação ainda atua como critério de seleção de qual interpretação é a mais razoável. Em poucas palavras, interpretar e argumentar são mutuamente dependentes, de modo a inexistir qualquer hierarquia entre tais ações.

c) Direito vivo e convencimento pessoal

Muito foi dito a respeito de interpretação e argumentação, e já restou também consensual que a argumentação jurídica não é exclusivamente uma argumentação sobre o direito. É preciso também compreender que, no âmbito específico da dinâmica judicial, apesar de ser regida por princípios de neutralidade e imparcialidade, tais como o princípio do juiz natural e da inércia da jurisdição, o que se busca na verdade é o convencimento pessoal do magistrado.

O *princípio do juiz natural* – expressamente previsto no art. 5º, XXXVII e LIII da CRFB – tem como conteúdo não apenas a prévia definição do órgão investido de poder jurisdicional de decisão sobre a causa (vedação aos tribunais de exceção, por exemplo), mas também a própria garantia de justiça material, isto é, a independência e a imparcialidade dos juízes (impossibilidade de escolher o juiz ao qual será distribuída a ação, por exemplo). Por sua vez, o *princípio da inércia da jurisdição* – expressamente previsto no art. 2º do Código de Processo Civil – determina que o início do processo, em regra, seja somente por iniciativa das partes. Assim, faz-se necessária a petição inicial, que é o documento pelo qual o autor invoca a prestação jurisdicional e, a partir disso, o processo é regido por meio do *impulso oficial* provocado pelas partes no órgão jurisdicional.

Num formato positivista clássico, o Estado possui o monopólio de julgar e, para tal, investe um agente – o juiz – com autoridade para tal, que deve se situar de forma equidistante em relação às partes. Porém, os magistrados também são pessoas e, portanto, possuem preconceitos, estados de espírito, experiências pessoais e interpretações próprias dos fatos jurídicos e das leis. Nesse sentido, apesar de o Estado estar julgando, na verdade o que se procura é o convencimento pessoal do juiz. Daí a importância de conhecer o outro e as circunstâncias da argumentação, como visto anteriormente.

Além disso, a argumentação jurídica não se opera somente na dinâmica judicial, ou seja, num processo judicial a ser decidido por um magistrado. A esfera do judiciário é apenas um dos lugares em que o discurso jurídico se desenvolve, ganhando relevo também os espaços não judiciais. Em nosso cotidiano, estamos sempre argumentando juridicamente. Numa conversa de elevador, no parlamento, no aguardo do sinal vermelho, no restaurante e, até mesmo em alguns casos, na igreja, é possível observar argumentações jurídicas.

Nesse contexto fortemente plural no que concerne aos espaços de argumentação, observa-se uma *pluralidade de centros interpretativos*. A interpretação que emerge das leis, regulamentos, princípios e questões jurídicas não deriva necessariamente da interpretação oficial do Estado. Trata-se de *direito vivo*, na acepção de Eugen Ehrlich, sendo necessário realizar a distinção entre o *direito positivo*, que seria o direito positivado como texto na norma jurídica, e o *direito vivo*, que seria fruto da dinâmica social que se desenvolve a partir da interação entre os atores sociais. Ehrlich sustenta que querer encerrar todo o direito de um tempo ou de um povo nos parágrafos de um código é tão razoável quanto querer *prender uma correnteza numa lagoa*.

Trata-se, portanto, de uma perspectiva que confere destaque às práticas sociais em detrimento de modelos jurídicos abstratos e pouco sensíveis às especificidades próprias de cada contexto social. O direito, portanto, é maior do que a regra formal, e é por meio da sua prática no cotidiano dos atores que se pode observá-lo como dinâmica social em constante transformação. A pluralidade de centros interpretativos permite pensar a construção de interpretações e argumentações que não se confundem com a interpretação oficial do Estado, o que confere dinamicidade à argumentação jurídica.

3.4. A percepção do argumentador

O DESENVOLVIMENTO da capacidade perceptiva também é fundamental no contexto argumentativo. O verbo *perceber*, etimologicamente, possui sua raiz do latim *percipere*, que significa *apreender pelos sentidos*. Semanticamente, *perceber* ainda pode significar formar ideia, compreender, lembrar-se etc. Quem percebe, associa o que está observando às suas concepções acumuladas ao longo do tempo. Portanto, toda atividade perceptiva é sempre uma atividade de reconhecimento, pois, quando o indivíduo percebe, está realizando uma interpretação sobre algum fato social à luz de sua experiência de vida, conhecimentos adquiridos, eventos passados etc.

Desse modo, a atividade perceptiva se desenvolve sempre articulando dois fatores fundamentais: o conhecimento atual que o indivíduo possui e a experiência de vida que ele acumulou ao longo de sua vida. O arranjo entre esses fatores varia entre os indivíduos, pois cada um viveu e se desenvolveu com eventos e trajetórias de vida distintos. Cada interlocutor deve, portanto, ser visto como um ator singular. Uma vez que cada um possui uma combinação de conhecimentos atuais e experiências de vida distintas, poderá perceber um fenômeno social de forma diferente.

Isso torna a estratégia argumentativa ainda mais complexa, porque o argumentador, em geral, argumenta para grupos de pessoas, e não individualmente. Ao ministrar uma palestra, ao defender uma tese no tribunal ou ensinar um determinado assunto em sala de aula, o argumentador se dirige a um público que pode perceber o seu argumento de forma distinta, e efetivamente o faz. A tarefa de argumentar se torna fortemente exigente, demandando do indivíduo habilidades e atributos individuais significativos para que seu argumento receba a adesão de um número cada vez mais significativo de interlocutores.

Isso se intensifica ainda mais quando se reconhece que toda percepção é sempre seletiva. Mais precisamente, quando reconhecemos algo, estamos necessariamente elegendo determinados aspectos da realidade e ignorando outros aspectos que podem não ser tão relevantes ou valorizados pela nossa percepção. Metaforicamente, trata-se de uma "luminária" acesa num quarto escuro, que ilumina de forma mais efetiva determinadas características do quarto – pode ser a cadeira, a parede da esquerda etc. –, mas não ilumina as demais partes da mesma forma, tais como o armário e o ventilador. Isso permite sustentar que a percepção sempre elege determinados aspectos do real e situa em segundo plano os demais. A seletividade da percepção ocorre, em geral, por dois motivos:

a) o indivíduo vê aquilo que acredita satisfazer suas necessidades;
b) o indivíduo ignora coisas que o perturbam.

A despeito dessa complexidade, é possível adotar algumas estratégias para aperfeiçoar a atividade perceptiva, a exemplo das seguintes:

a) *autoconhecimento*: a necessidade de o indivíduo conhecer seus próprios limites, defeitos e qualidades, de modo que possa atuar preventivamente na redução de tais limites e defeitos e na potencialização das qualidades;
b) *heteroconhecimento*: a necessidade de conhecer minimamente o outro, sobretudo se os interlocutores compõem um grupo heterogêneo que, por consequência, poderá perceber de forma mais distinta e heterogênea o argumento;

c) *não enquadrar os outros em nossas estruturas e molduras de pensamento*: é importante evitar o enquadramento dos interlocutores em estereótipos, pois isso restringe decisivamente a possibilidade de perceber outros aspectos do "quarto escuro";

d) *não realizar discriminações*: deve-se admitir que qualquer atitude do argumentador para com o interlocutor que enseje o sufocamento de sua adesão ao argumento é uma atitude discriminatória, produzindo reflexos negativos no desenvolvimento da estratégia argumentativa;

e) *reconhecer sentimentos e emoções*: em muitos casos, o indivíduo se "apaixona" pelo seu argumento, deixando que sua subjetividade interfira negativamente na possibilidade de incorporar alterações e aperfeiçoamentos; daí a importância de saber até que ponto nossos sentimentos influem no nosso argumento;

f) *escutar o outro*: quando não identificamos os limites e problemas do nosso argumento, o interlocutor pode ser o primeiro indicativo para que estabeleçamos correções, aperfeiçoamentos ou, até mesmo, que incorporemos subargumentos para reforçar o argumento principal;

g) *encorajar o outro*: uma estratégia eficaz é incorporar o outro à exposição, estimulando-o a participar da construção do argumento e, se possível, a restringir as possibilidades de ele contestar, na medida em que se encontra encorajado a aderir a esse argumento;

h) *passar credibilidade*: mesmo que seja explicitado um argumento bastante convincente, com a articulação bem-sucedida dos diversos atributos individuais, se tal argumento não for transmitido com credibilidade e seriedade, não será bem-sucedido;

i) *propor alternativas*: um bom argumentador resguarda o seu argumento com alternativas argumentativas que ele constrói para caso surja um contra-argumento sólido, o que implica num esforço significativo de buscar prever possíveis problemas e limitações do próprio argumento.

3.5. A capacidade de comunicação efetiva

TODO comportamento comunicativo objetiva uma reação por parte do interlocutor. Em outras palavras, ao emitirmos uma mensagem (verbal ou não), temos um objetivo dirigido ao interlocutor, que é o alvo da mensagem. A comunicação não pressupõe somente o argumentador, consistindo numa operação complexa que envolve uma série de elementos para ser considerada eficaz. Da mesma forma, a comunicação não se reduz à mera emissão de mensagens, na medida em que também pressupõe um retorno do interlocutor quanto ao que entendeu efetivamente do conteúdo e objetivo da mensagem. Assim, quando se aprende a exprimir os objetivos de forma a obter respostas específicas por parte dos interlocutores, alcança-se uma comunicação eficaz.

É possível dizer que, no processo de comunicação, não é só o argumentador que possui objetivos; o interlocutor também tem, e quando estes se tornam incompatíveis com os do argumentador, a comunicação é interrompida ou mal-sucedida.

A comunicação pressupõe a existência de, pelo menos, quatro elementos. O *argumentador*, no caso do direito, é a parte ou qualquer outro indivíduo que esteja participando de um embate argumentativo sobre questões jurídicas. Numa dinâmica judicial, o argumentador, em geral, é o advogado, que constrói a exposição à luz das informações disponibilizadas pelo seu cliente, a não ser em casos de dispensa do patrocínio profissional, a exemplo das causas de juizados especiais cíveis cujo valor seja inferior a vinte salários-mínimos.

O *objetivo* consiste na intenção de emitir uma dada mensagem, com conteúdo específico e visando persuadir o interlocutor. A concretização do objetivo passa por uma série de fatores, sendo o principal o seguinte: a habilidade de expressar os objetivos, argumentos e comentários de maneira precisa, convincente e não contraditória. Assim, quando se argumenta a favor da redução da maioridade penal, por exemplo, o argumentador deve explicitar com clareza seus argumentos para que alcance seu objetivo.

O *canal* eleito para expressar o objetivo pelo argumentador é igualmente relevante, e tal eleição não é trivial. O indivíduo deve ter a exata noção sobre o canal mais adequado para expor a sua argumentação, sob pena de insucesso. Os canais são variados, e encontram-se disponíveis de diversas formas para que o argumentador os utilize rumo ao sucesso na persuasão. Por vezes, é mais adequado não utilizar certos argumentos no canal-petição inicial, por exemplo, e guardá-los para serem utilizados no canal-razões finais, após a produção de prova testemunhal.

Um outro exemplo também é relevante nessa questão. É muito comum observar que, nas campanhas eleitorais, os candidatos estabelecem estratégias distintas para o canal-rádio e o canal-televisão. No canal-televisão, em função de sua imagem estar exposta, adotam uma postura de serenidade, com fala baixa, pausada e candente, sem muitas expressões corporais bruscas e buscando demonstrar segurança e tranquilidade. No canal-rádio, em função de seu som estar em constante "disputa" com os diversos eventos do ambiente – tais como buzinas, placas de trânsito, celular, computador etc. –, os candidatos adotam uma estratégia distinta da produzida no canal-televisão. Em geral, como não aparece a imagem dos candidatos, eles realizam uma exposição enérgica dos argumentos, com voz forte e impostada, buscando chamar a atenção dos interlocutores a partir da adequação da atuação ao canal comunicativo.

Por fim, o *interlocutor* também é um elemento essencial, uma vez que o sucesso na comunicação encontra-se diretamente relacionado ao alcance do objetivo do argumentador junto ao interlocutor. Como visto, quando esses objetivos se tornam incompatíveis com os do argumentador, a comunicação é interrompida ou mal-sucedida. Assim, é imperioso buscar conhecer minimamente as características, esperanças e perfis dos interlocutores, de modo a ampliar a possibilidade de sucesso na persuasão.

Tendo em vista a complexidade do contexto comunicativo em que opera a argumentação jurídica, vejamos alguns elementos que podem auxiliar e, até mesmo, potencializar o sucesso na comunicação:

a) *linguagem*: deve-se adequar a linguagem ao interlocutor, e não o interlocutor à linguagem, uma vez que o sucesso da comunicação envolve a adesão do interlocutor, que deverá identificar no argumento fatores favoráveis ao seu convencimento pessoal;
b) *atitudes do argumentador consigo próprio e com o interlocutor*: o argumentador deve possuir uma atitude de autorrespeito, evidenciando a sua "exemplaridade" como representante do argumento;

além disso, deve ser respeitoso com o interlocutor, de modo que ele se sinta encorajado a aderir ao argumento;

c) *nível de conhecimento sobre o assunto*: quando se argumenta, é importante possuir um nível de conhecimento relevante sobre o que se defende, que será útil não só no momento da exposição do argumento, mas sobretudo nos momentos de contra-argumento, em que o argumentador tem que proteger de forma convincente a sua exposição das problematizações e críticas do interlocutor;

d) *feedback do interlocutor*: o retorno do interlocutor sobre se compreendeu efetivamente o que foi argumentado e os objetivos do argumento é fundamental para o sucesso na comunicação; portanto, é preciso identificar e/ou estimular no interlocutor tal retorno, o que possibilitará ao argumentador a noção do que precisa ser complementado, aperfeiçoado etc.;

e) *percepção do contexto, do momento adequado, da predisposição do interlocutor*: por mais que o argumento seja altamente convincente, é preciso que seja exposto no contexto e momento adequados, além de estar em consonância com a predisposição do interlocutor em ouvi-lo naquele dado contexto e momento.

3.6. Rompimento de paradigmas e criatividade

a) Paradigmas no direito

O DIREITO se constituiu historicamente como campo de saber realizando um movimento de autonomização em relação a outros campos, tais como a filosofia e a sociologia. Podemos afirmar que a lógica tradicional do direito é uma lógica binária, que pensa em categorias que não admitem anomalias, meios-termos, desvios. Não admite, portanto, gradações ou hibridismos, na medida em que tudo possui um fundamento lógico-sistemático por meio de um sistema racional de explicações.

Essa maneira de pensar o direito representa um *paradigma*, na acepção apresentada por Thomas Kuhn. Metaforicamente, o paradigma é a *lente* por meio da qual se *enxerga* o mundo; ou seja, é um conjunto de valores, visões de mundo e representações que condicionam a forma por meio da qual os indivíduos leem a realidade à sua volta. Kuhn define o paradigma como uma série de suposições, métodos e perspectivas, envolvendo uma verdadeira *teoria ampliada* sobre os fenômenos científicos. Uma forma de cristalização de paradigmas está diretamente relacionada ao ensino, que difunde e reforça a forma de ver o mundo vigente e previne quanto aos desvios de pensamento. Dessa forma, o paradigma confere um sentido que é compartilhado pelos indivíduos segundo uma mesma perspectiva.

A vida diária dos indivíduos encontra-se circunscrita por determinados paradigmas, e no campo do direito não é diferente. Os paradigmas terminam por delimitar o que é certo ou errado, o que é verdadeiro ou falso, o que se deve fazer ou não fazer. Assim, os paradigmas conferem a cada um referências que orientam seu posicionamento e sua atuação nos diversos âmbitos da vida. Trata-se, então, de uma *bússola*, pois oferece referenciais de ação no mundo. Entretanto, se os paradigmas forem assumidos em termos absolutos e definitivos, podem empobrecer enormemente as possibilidades de percepção do novo, do desconhecido, bem como a criatividade na maneira de interpretar situações e propor encaminhamentos e soluções inovadoras. Em outras palavras, o paradigma também pode se demonstrar uma *cortina*, pois dificulta a percepção de alternativas e inovações. Vejamos um exemplo no campo do direito, que se refere à transição do Estado liberal ao Estado social:

As primeiras constituições escritas foram de matriz liberal-burguesa e exigiam uma postura negativa por parte do Estado nas relações privadas. Ou seja, ao enfatizar a separação dos poderes e a defesa de direitos individuais, propunha-se um paradigma liberal em que o indivíduo seria o centro, de modo que o Estado deveria interferir minimamente nas relações sociais ou nos arranjos que os indivíduos estabeleceriam em sociedade.

Esse distanciamento entre Estado e sociedade foi objeto de críticas por diferentes correntes teóricas ao longo do tempo. Dentre elas, a crítica marxista sustentou que a postura negativa do Estado em relação aos direitos enseja a exploração do homem pelo homem, na medida em que o Estado não reconhece e não intervém no conflito, já que todos são vistos como iguais perante a lei e, por isso, são formalmente iguais. Observa-se, portanto, uma crítica realizada aos limites da mera *igualdade formal* para a questão dos direitos dos cidadãos. São constatadas, assim, dessa perspectiva, duas noções de Constituição:

a) a concepção formalista de que a lei por si só garante a igualdade entre os homens, sob a perspectiva de que a igualdade no liberalismo consiste na aplicação da mesma lei para todos;
b) a ideia de que as relações privadas são ditadas pelos privados, e não pelo público (associado à ideia de Estado).

Em decorrência da mudança nas relações sociais ocasionadas, principalmente, pela industrialização, buscou-se configurar um novo tipo de direito que reconhecesse as desigualdades sociais e as assimetrias concretas entre os indivíduos no plano de suas práticas sociais, o que acenou para uma mudança de paradigma. A falta de condições salubres de trabalho, a exploração sem garantias jurídicas e a ausência de direitos trabalhistas, adicionados a desafios e problemas advindos das experiências de guerra que permearam o século XX, foram os problemas que a concepção social de direito procurou resolver. Exigiu-se, para tal, uma atuação positiva por parte do Estado no âmbito das relações privadas por meio de políticas públicas de efetivação de direitos de caráter social. Predomina, portanto, a preocupação de *proteger o homem do próprio homem*. Para tal, o Estado deve ser o ator redutor de diferenças sociais, ganhando relevo algumas expressões, tais como *justiça distributiva, justiça social e políticas sociais.*

Em suma, ao passo que o direito liberal-burguês enfatiza a igualdade formal dos homens e a mínima interferência do Estado nos conflitos privados, a perspectiva social do direito privilegia a busca da igualdade material dos homens, já que *o Estado deve tratar os homens desiguais desigualmente de modo a torná-los iguais concretamente.* Trata-se de uma concepção altamente influenciada pela ideia de *vontade geral* de Jean-Jacques Rousseau, pois pressupõe a consideração da sociedade na formulação de decisões e políticas estatais, e de *solidariedade social* de Émile Durkheim, pois pressupõe que a associação entre os indivíduos deva ser pautada por mecanismos de cooperação.

Nessa linha, o paradigma da concepção social do direito toma como referência a sociedade na sua mais concreta expressão, de modo a possibilitar uma inserção igualitária dos indivíduos no seio social. O direito público passa a ter predominância sobre o direito privado, e o interesse da sociedade sobre o dos indivíduos, pois o movimento de publicização do direito implica, em certa medida, um processo de sua própria socialização. Ou seja, ocorre uma verdadeira relativização de valores que eram outrora vistos como universais e unívocos. Em decorrência disso, os direitos passam a ser lidos numa lógica coletivista, adquirindo novos sentidos e ampliando seu alcance social.

Esse exemplo permite refletir sobre uma série de fatores que influem na mudança de paradigmas. Kuhn sustenta que os grandes progressos da ciência não resultam de mecanismos de continuidade, mas sim de mecanismos de ruptura de paradigmas. Em determinado momento, alguns começam a descobrir as contradições internas e chegam à conclusão de que o paradigma vigente não é mais suficiente heuristicamente. Os grandes progressos de uma ciência só acontecem quando os seus próprios paradigmas são desafiados e substituídos por novos paradigmas.

b) A transformação dos paradigmas

De fato, Kuhn salienta que o problema dos paradigmas consiste no fato de tenderem a se tornar fechados e rígidos. Por isso, os indivíduos que fogem do paradigma vigente são frequentemente criticados e os caminhos de reflexão alternativos e inovadores são sufocados porque não partem de premissas aceitas. Nesse sentido, as inovações são sempre desafios contundentes colocados aos paradigmas. Quando as pessoas estão envolvidas com velhos paradigmas, apresentam forte tendência a mantê-los indefinidamente, a não ser que eles não mais funcionem na vida cotidiana.

Os novos paradigmas são geralmente criados por pessoas que não estão diretamente ligadas à situação, à organização ou a determinado campo da ciência, devido às suas maiores possibilidades de enxergar as coisas de forma diferente e nova. Assim, a adesão a novos paradigmas envolve certos riscos e, principalmente, uma visão abstrata que poucas pessoas conseguem ter. Essa habilidade de perceber de forma distinta e, com isto, poder propor soluções criativas e efetivas agrega valor à competência de pessoas que se propõem a atuar na resolução de conflitos, o que reforça sua importância no campo do direito.

A criatividade se torna fundamental nesse processo. Para superar paradigmas e propor soluções originais e inteligentes, a criatividade é essencial. O indivíduo que busca estabelecer estratégias calcadas na criatividade possui uma ferramenta útil no processo de persuasão, sobretudo num contexto em que o paradigma atua de maneira efetiva.

Um dos procedimentos fundamentais da criatividade é o desenvolvimento – através de teses e observação – de uma capacidade perceptual apurada através de uma atitude ativa. Ou seja, ser criativo envolve, em ampla medida, estimular a possibilidade de percepção de alternativas e, além disso, saber teorizar de forma original as observações que o indivíduo realiza sobre os fenômenos sociais.

Diz-se que *criar é ter inteligência para simular.* A simulação não deve ser interpretada no sentido pejorativo, isto é, como fazer parecer real algo que não o é. Pelo contrário, a ideia de simulação aqui presente consiste na possibilidade de antever mentalmente quais as possíveis consequências de se adotar uma determinada estratégia argumentativa e não outra. O argumentador deve buscar refletir sobre as possíveis consequências e impactos de seu argumento no grupo ou no interlocutor, de modo que essa simulação garanta minimamente dois fatores:

a) um controle a respeito dos possíveis efeitos que o argumento possa provocar, considerando-se a estratégia de exposição e o perfil do interlocutor;
b) a possibilidade de, uma vez antevendo minimamente os efeitos da estratégia, atuar preventivamente na resolução de possíveis críticas que o argumento possa vir a receber, de modo a se resguardar de contra-argumentos repentinos.

Portanto, a atividade criativa não é trivial. Ela pressupõe a necessidade de o argumentador, em todo momento, refletir sobre suas próprias estratégias. Para tal, nada mais apropriado do que a frase de Gaston Bachelard: *é preciso pensar contra o cérebro.* Em certa medida, o cérebro é orientado pelo paradigma, então uma atitude criativa é sempre uma atitude de superação do paradigma e, por consequência, dos processos cognitivos realizados no cérebro. De fato, os que acompanham o paradigma não entram para a história. Somente assim é possível pensar em inovações no campo da argumentação jurídica.

3.7. Autoestima no desenvolvimento da persuasão

UM elemento fundamental para o sucesso na argumentação é a autoestima do argumentador em relação a si próprio e ao seu argumento. A autoestima consiste na avaliação que a pessoa faz de si própria como alguém importante, referindo-se, em geral, àqueles atributos e/ou conquistas socialmente mais valorizados.

No campo da argumentação, é necessário que o argumentador possua autoestima ao expor seu argumento, o que potencializa sobremaneira o sucesso na persuasão. A autoestima pode ser expressa por meio de uma série de fatores, tais como o tom de voz, os gestos, a postura e, até mesmo, as palavras que são utilizadas no desenvolvimento do processo de persuasão.

Além disso, a autoestima do indivíduo também deve guardar relação com o próprio argumento, afinal é o argumentador o primeiro termômetro dos interlocutores a respeito da razoabilidade do que é sustentado, sendo isso decisivo para potencializar a adesão desses interlocutores. Se nem mesmo o argumentador apresenta ao interlocutor uma confiabilidade, seriedade e razoabilidade no que expõe, ou seja, se nem ele próprio transparece acreditar em seu argumento, o insucesso é bem provável.

Ainda são necessárias algumas palavras a respeito do fracasso na argumentação, e em que medida a autoestima auxilia na sua superação. Diante da inexistência de um passo a passo para o argumento perfeito e da própria falibilidade intrínseca a qualquer argumento, o fracasso é um fator sempre passível de ocorrer. Duas assertivas são importantes a respeito:

Primeiramente, o argumentador deve possuir a sensibilidade para identificar pontos críticos em seu argumento, de modo a pensar de forma criativa em alternativas que lhe permitam sustentar e aperfeiçoar o argumento originário. Nesse sentido, deve o argumentador ampliar sua capacidade perceptiva e analítica, buscando conhecer os limites e desafios de seu próprio argumento.

Em segundo lugar, é preciso reconhecer que o fracasso na adesão dos interlocutores ao argumento não quer dizer que o argumento em si seja ruim. Como visto, há uma série de fatores que podem incidir no sucesso da argumentação, a exemplo dos seguintes:

a) organização racional de ideias insuficiente;
b) inadequação da linguagem utilizada;
c) problemas na definição precisa dos componentes do argumento;
d) momento inapropriado para a exposição do argumento etc.

Além disso, o argumento ainda pode não ser recepcionado pelo interlocutor porque rompe o paradigma de forma criativa, o que cria certa resistência por parte dos demais que cumprem as premissas do paradigma vigente.

Com isso, em ambos os casos, o argumentador ocupa papel central na resolução de problemas dos argumentos ou, então, no encorajamento dos interlocutores a aderirem ao seu argumento. A autoestima se revela fundamental nesse processo, sobretudo porque permite ao argumentador incorporar os interlocutores na atividade argumentativa e, com isso, incrementar suas possibilidades de sucesso.

QUESTÕES PARA REFLEXÃO

1. Em que medida a argumentação possui relação direta com os atributos individuais do argumentador?
2. Explique com exemplos a seguinte frase: "os indivíduos são diferentes porque possuem atributos diferentes em intensidade, mas isso não quer dizer que uns sejam melhores que outros, ou que sejam superiores ou inferiores".
3. Como a postura crítica pode auxiliar no desenvolvimento da argumentação? Responda com dois exemplos concretos.
4. A interdisciplinaridade é fundamental em qualquer atividade argumentativa. Disserte sobre a importância dela no interior da argumentação jurídica.
5. De que forma a capacidade analítica pode incrementar a possibilidade de persuadir os interlocutores?

6. Escolha três dos cinco atributos individuais específicos e relacione-os entre si.
7. Explique a seguinte afirmação: "argumentar é expressar-se, e toda expressão envolve algum tipo de recurso linguístico e discursivo a ser utilizado pelo argumentador".
8. Diferencie os três tipos de recursos linguísticos e discursivos.
9. Como é possível pensar a relação entre interpretação e argumentação? Responda e cite dois exemplos.
10. Como a percepção e a comunicação podem auxiliar no desenvolvimento da argumentação jurídica?
11. Disserte sobre cinco estratégias para aperfeiçoar a percepção e a comunicação.
12. Disserte sobre um paradigma do campo do direito e proponha duas alternativas de transformação.
13. Em que medida a autoestima pode auxiliar na adesão dos interlocutores?
14. Explique três justificativas possíveis para o fracasso de uma argumentação.

INDICAÇÃO DE FILMES

1) ***A sentença*** *(Citizen verdict)*
Ano: 2003
Duração: 97 minutos
Diretor: Philippe Martinez
Descrição: Marty Rockman, um conhecido produtor de televisão, consegue que as autoridades concordem que um julgamento real seja feito diretamente pelos espectadores de um programa de televisão. O julgamento vai ao ar precedido de enorme publicidade. Sendo o manipulador do processo, Marty acaba sendo condenado, e o resultado do julgamento seria quase certamente o mesmo de um júri normal. O filme permite estabelecer diversas reflexões sobre preconceitos e desafios de rompimento de paradigmas.

2) ***Doze homens e uma sentença*** (*Twelve angry men*)
Ano: 1957 e 1997
Duração: 118 minutos
Diretor: Sidney Lumet (1957) e William Friedkin (1997)

Descrição: Um júri de doze membros é obrigado por lei a decidir por unanimidade a respeito de um homicídio realizado por um jovem em seu próprio pai. O resultado da votação se inicia 11 a 1 pela acusação e, ao longo da história, habilidosamente o resultado vai se alterando até alcançar a absolvição. O filme trata de provas, preconceitos, advocacia, julgamento e uma série de outros temas, além de ressaltar como os atributos individuais podem influir no sucesso da argumentação.

3) ***Julgamento em Nuremberg*** *(Judgement at Nuremberg)*
Ano: 1961
Duração: 186 minutos
Diretor: Stanley Kramer
Descrição: O filme não é propriamente sobre o Tribunal de Nuremberg, mas sobre outro julgamento que ocorreu na mesma cidade, em 1947. Os réus eram juízes e funcionários do Ministério da Justiça que exerceram funções no regime nazista. Um dos réus, Janning, é descrito como um jurista que, na verdade, discordava das atrocidades do regime nazista, mas, em razão de seu cargo, fora obrigado a aplicar suas leis. O filme permite debater justamente a posição do juiz ao aplicar o direito, evidenciando o papel dos atributos individuais nesse processo.

4) ***Legalmente loira*** *(Legally blonde)*
Ano: 2001
Duração: 96 minutos
Diretor: Robert Luketic
Descrição: Trata-se de um gênero de comédia em que uma loura, Elle Woods, é apresentada de forma fútil, sendo namorada de um rapaz fino, chamado Warner. Ao ser admitido para estudar direito em Harvard, Warner rompe o namoro com Elle, alegando que precisava de uma companheira que efetivamente o auxiliasse em sua carreira. A partir daí, Elle promove um verdadeiro esforço de dedicação para provar a Warner e a si própria que é capaz de ser aprovada em Harvard, o que efetivamente consegue. Ao cursar a faculdade, depara-se com diversas situações jurídicas em que somente com originalidade e rompendo os paradigmas consegue lidar com sucesso. O filme é interessante para compreender estereótipos e formas de superação de preconceitos.

IV

As Normas Jurídicas

4.1. Questões gerais

a) Os argumentos e as normas jurídicas

NÃO FOI POR acaso que o campo do direito ingressou em nossa análise somente neste capítulo, pelo menos de forma mais específica e detida. Como visto, qualquer argumentação pressupõe fatores externos ao campo do direito para que seja bem-sucedida, uma vez que a argumentação jurídica não é somente uma argumentação sobre o direito. A argumentação consiste num complexo que extrapola os mecanismos jurídicos propriamente ditos. Seja do ponto de vista dos sujeitos envolvidos, seja do ponto de vista dos contextos em que a argumentação se desenvolve, observa-se uma pluralidade de arranjos em que os argumentos são apresentados e se articulam no mundo do direito.

Restou ressaltado também que a argumentação jurídica engloba aspectos que *extrapolam o mundo do direito*, implicando um *conhecimento sobre o outro* o qual estará em interação com o interlocutor a partir de uma *organização racional de ideias*, com o objetivo de *persuasão*.

Desse modo, antes mesmo de remeter ao campo do direito, a argumentação possui relação direta com os atributos individuais do argumentador. Mais especificamente, os indivíduos são diferentes porque possuem atributos distintos em intensidade, mas isso não quer dizer que uns sejam melhores que outros, ou que sejam superiores ou inferiores. A forma de mobilizar as teses, a sensibilidade para falar na hora certa e a postura diante do interlocutor são todos atributos essenciais para a atividade argumentativa.

Como visto, o indivíduo argumenta juridicamente considerando uma série de elementos e utilizando diversos conteúdos e campos de saber, sendo necessário compreender em que medida seus atributos o auxiliam em sua relação com o interlocutor. Surge então a necessidade de autoconhecimento. Ou seja, somente através de uma atitude reflexiva o indivíduo pode identificar deficiências de atributos e, com paciência e determinação, atuar no seu aperfeiçoamento ou desenvolvimento.

Dentre os principais atributos individuais de um bom argumentador, que são fundamentais no cotidiano das estratégias argumentativas, foram estabelecidos três atributos genéricos (postura crítica, interdisciplinaridade e capacidade analítica) e cinco específicos (recursos linguísticos e discursivos, percepção, comunicação, rompimento de paradigmas com criatividade e autoestima). Observe-se que os objetivos gerais de qualquer argumentador – identificar falhas e proteger falhas – guardam íntima relação com essa dimensão prática da argumentação jurídica.

Entretanto, a valorização da dimensão externa da argumentação jurídica, sobretudo dos atributos e das características do campo da argumentação, não pode negligenciar sua dimensão interna, que se opera no interior do campo do direito. O sucesso da argumentação também está relacionado ao conhecimento, domínio e manejo, por parte do argumentador, dos instrumentos e práticas próprios do campo do direito. Seria ingênuo afirmar que um grande argumento seria bem-sucedido exclusivamente em função dos atributos individuais, assim como seria ingênuo pensar que somente o conhecimento das normas jurídicas o conferiria sucesso.

Conhecer as normas jurídicas, a estrutura judiciária, o direito substantivo e o direito processual, as regras e exceções, a hierarquia das leis, todas são questões fundamentais de qualquer argumento que se opere no âmbito do direito. Assim, é fundamental que o indivíduo possua algum grau de aproximação com o mundo do direito e suas questões correlatas. Isto permite potencializar sobremaneira o sucesso da argumentação.

As normas, a lógica jurídica, os sistemas de provas, os recursos, as instituições, são todos elementos que devem ser considerados e conhecidos minimamente pelo argumentador. Conhecê-los permite ao indivíduo maior propriedade ao argumentar num processo judicial, além de um resguardo de estratégias argumentativas relacionado aos instrumentos do campo do direito.

Além disso, conhecer as normas e as instituições jurídicas pode permitir ao indivíduo uma "economia argumentativa", pois torna menos necessário lançar mão de muitos outros recursos argumentativos externos. Um exemplo emblemático é o da tortura. Segundo o art. 5º, III, da Constituição, *ninguém será submetido à tortura nem a tratamento desumano ou degradante*. Assim, suponha que o indivíduo opte pela estratégia argumentativa interna, ou seja, utilizando normas jurídicas. Essa estratégia será muito mais econômica do que a estratégia externa, que privilegiará outros campos de saber, na medida em que a proibição à tortura, a despeito de todos os argumentos sociológicos, psicológicos, políticos, biológicos etc., já é prevista no texto jurídico.

A questão é que a utilização do art. 5º, III, pode permitir ao argumentador uma "economia" de argumentos, pois a norma jurídica expressamente prevê a proibição da tortura. Diferente seria nos casos em que a norma jurídica não fosse expressa, ou então se existissem exceções, ou se, na verdade, houvesse normas posteriores que permitiriam discutir sua revogação e, ainda, nos casos de contradição entre normas. Nesses casos, se exigiria um esforço argumentativo ainda maior.

Com isso, é possível argumentar contra a tortura utilizando elementos externos ao campo jurídico, assim como é possível utilizar elementos internos. De fato, o bom argumento utiliza ambos para que seja efetivamente convincente e receba a adesão dos interlocutores, até porque, como visto, um atributo fundamental da argumentação jurídica é a interdisciplinaridade.

Por fim, é preciso enfatizar que os indivíduos, por serem diferentes em relação aos seus atributos pessoais e em relação ao seu conhecimento do direito e dos próprios fatos, podem apresentar concepções e versões distintas a respeito de assuntos comuns. São *verdades* que se operam no interior do campo do direito e merecem um debruçar mais apurado no próximo tópico.

b) As verdades no direito

No âmbito judicial, um conflito de opostos se apresenta diante do juiz, que deverá ouvir as falas das partes como duas verdades ou duas ficções sobre o tema em debate. Num contexto argumentativo, as mensagens das partes devem ser vistas como verdades, ou seja, expressam uma determinada concepção ou avaliação da realidade que, apesar de parcial, é adotada como uma versão argumentativa.

De fato, não se trata aqui de *verdades universais*, mas sim de *verdades enquanto versões*. Como visto, no contexto contemporâneo não se observam espaços produtores de verdades universais. Diante da derrocada da *verdade* no mundo contemporâneo, o *argumento* se apresenta como a principal forma de interação social nas diversas situações em que os indivíduos se encontram, recebendo destaque o argumento mais persuasivo, e não necessariamente o mais verdadeiro.

Em termos práticos, a verdade universal jamais será alcançada, fazendo sentido pensarmos em verdades construídas pelas partes enquanto versões. Tais versões não correspondem à verdade universal, dentre os diversos motivos, pelos seguintes:

a) as partes podem não saber o que ocorreu;
b) as partes podem saber apenas parcialmente o que ocorreu;
c) as partes podem saber o que ocorreu, mas alteram, omitem ou negligenciam fatos;
d) as partes podem mentir sobre o que ocorreu.

Em todos os casos, observa-se um entrave à possibilidade de chegar à verdade sobre o que efetivamente ocorreu, problematizando-se a atividade de aplicação de normas jurídicas. A verdade *processual*, isto é, aquela construída no interior de um processo judicial, pode não corresponder – e frequentemente não corresponde, ao menos parcialmente – com a *verdade real*, ou seja, o fato "nu e cru".

A *verdade real* consiste no que efetivamente ocorreu: um carro colidiu com o poste; uma pessoa faleceu com um tiro no coração; não houve pagamento do IPTU no prazo correto. Porém, tais fatos podem ser sempre passíveis de contestação e problematização: o motorista do carro pode ter colidido para desviar de um pedestre; o falecimento pode ter sido ocasionado por um sufocamento posterior, e não pelo tiro; o pagamento do IPTU ocorreu, mas o sistema de pagamento do banco falhou ao repassar o valor ao governo.

O que vai definir que a *verdade processual* corresponda ou não à *verdade real* é a argumentação. E esta dinâmica entre processo e realidade não é trivial, pois a intenção das partes pode não consistir em aproximar a verdade processual da verdade real, pelo contrário. O réu pode querer alterar a realidade caso seja efetivamente culpado, assim como o autor pode fazê-lo para favorecer uma demanda injusta. Da mesma forma, o réu pode estar argumentando o que efetivamente ocorreu, ao passo que o autor desconhece o que ocorreu. Além disso, o autor pode saber parcialmente o que ocorreu, mas o réu pode estar alterando os fatos para favorecimento pessoal.

Em todos esses casos, observa-se que a relação entre verdade real e verdade processual não é direta, literal ou ingênua. Parafraseando William Shakespeare, *há muito mais coisas entre os fatos e o processo do que pode supor a sua vã filosofia*. A relação entre processo e realidade é uma relação de tensão, através da qual, em todo momento, se reinventam e reinterpretam fatos supostamente ocorridos e dramas supostamente sofridos.

A relação entre a realidade e o processo, assim como a do coração com o corpo, é um constante movimento de sístole (aproximação) e diástole (distanciamento). Os mecanismos de provas, as normas jurídicas, os atributos individuais das partes, a experiência do magistrado e, até mesmo, as condições específicas em que se construiu o processo, são todas variáveis que influem decisivamente nesse movimento de aproximação/distanciamento.

A dinâmica e as relações que se desenvolvem entre as partes, o juiz, o processo e os fatos são decisivas na construção desta verdade processual e na aproximação dessa verdade da verdade real. O conflito passa a ser uma constante dessa construção, ganhando relevo, nessa seara, as estratégias de negociação e resolução de conflitos no interior da argumentação jurídica.

4.2. Os conflitos e as estratégias de negociação no direito

Os conflitos são inerentes ao campo da argumentação, sobretudo a jurídica. Com a formação do Estado Moderno e a superação do feudalismo, os conflitos passaram a ser resolvidos por meio do Estado, que surgiu como a autoridade com legitimidade para tal. Essa legitimidade encontra-se ancorada no monopólio do uso da violência e do poder de julgar. Assim, todo e qualquer conflito deve ser apreciado pelo Estado. No Brasil, tal dever encontra-se previsto expressamente no art. 5º, XXXV, da Constituição. Nesse artigo, pronuncia-se que *a lei não excluirá do Poder Judiciário lesão ou ameaça a direito.*

Logicamente, se ao Estado é conferido o monopólio do poder de julgar, administrar e legislar, os conflitos de diversas naturezas passam a ser levados ao âmbito estatal. Quando se trata de conflito, deve-se entendê-lo no sentido mais amplo possível, ou seja, não se trata somente de um choque ou enfrentamento entre dois ou mais indivíduos. O conflito pode também ser entendido como uma profunda falta de entendimento entre duas ou mais partes, ou como uma oposição acentuada entre dois indivíduos. Num sentido mais estrito para o campo do direito, o conflito também pode ser entendido como uma contestação recíproca entre autoridades ou cidadãos pelo mesmo direito, competência ou atribuição.

Sendo assim, se entendemos a ideia de conflito a partir das perspectivas acima elencadas, não há como sustentar a existência da argumentação jurídica sem o conflito. Todo contexto argumentativo pressupõe algum tipo de posição a ser adotada pelos atores, os quais estarão em situações objetivas de conflito, porque sempre podem ser persuadidos pelos demais, além de sempre poderem contra-argumentar o que lhes é apresentado.

Em função disso, o argumentador deve estar atento às estratégias que irá adotar. A escolha das estratégias é tão importante quanto a escolha dos argumentos, sobretudo porque a eleição das estratégias deve estar submetida ao objetivo do argumentador. Não existe uma hierarquia entre as estratégias, assim como não é possível dizer qual a melhor ou pior. Somente é possível afirmar qual é a mais útil ou menos útil de acordo com os objetivos do argumentador.

As estratégias principais são as seguintes: *relacionamento, resultado, colaboração, afastamento, compromisso.* Mais uma vez, quem define a estratégia a ser adotada é o argumentador, que dosará a sua utilidade de acordo com o objetivo que visa alcançar. São instrumentos à disposição do indivíduo para que potencialize a consecução dos seus objetivos.

No *relacionamento*, busca-se preservar ou ganhar contatos e relações sociais, em detrimento do alcance de resultados imediatos. Essa estratégia permite uma manutenção e, até mesmo, ampliação de redes de contato, porém em muitos casos pode-se perder em resultados imediatos. Em termos comparativos, o relacionamento se apresenta como mais importante que o resultado da negociação. Exemplo: indivíduo que evita se indispor radicalmente com um determinado juiz de uma comarca única no interior porque a grande maioria de seus processos será julgada por esse juiz.

No *resultado*, a ênfase é inversa ao *relacionamento*. Essa estratégia é adotada quando o indivíduo possui um alto interesse na obtenção de resultados, ao passo que a manutenção de relacionamentos fica em segundo plano. Trata-se de uma estratégia típica de um ambiente competitivo, em que o indivíduo busca, em todo momento, alcançar resultados sem muita preocupação com a manutenção ou ampliação de redes de contato. Exemplo: indivíduo que quer permanentemente estabelecer metas de produtividade no escritório na confecção de petições iniciais, sem estabelecer qualquer situação de diálogo com os demais colegas de equipe.

Na *colaboração*, a estratégia consiste em valorizar, simultaneamente, o alcance de resultados e a manutenção de redes de contato. Nessa estratégia, há a ideia de que existem alguns interesses em comum e outros diferentes que podem ser atendidos com a negociação, de forma a gerar ganhos para ambos os polos da negociação. Trata-se de uma estratégia que exige de ambos uma dedicação efetiva para que tanto o relacionamento quanto o resultado sejam alcançados. Exemplo: numa equipe de advogados e estagiários, pode-se abrir mão da competição e da disputa para que, por meio da colaboração, todos alcancem o melhor resultado e o melhor nível de relacionamento, constituindo uma equipe eficiente e competente.

No *afastamento*, há uma baixa valorização da manutenção de relacionamentos e do alcance de resultados. Se uma parte decide não negociar enquanto a outra parte gostaria de negociar, isso produz um efeito negativo no relacionamento. Como desdobramento, se não há negociação, não há como avaliar se o resultado poderia ter sido bom e até melhor do que o resultado que já se tem sem a negociação. Exemplo: uma grande empresa que, em toda ação de defesa do consumidor de Juizado Especial Cível, não propõe qualquer quantia a título de acordo e tampouco colabora para resultados benéficos para ambas as partes.

Por fim, no *compromisso* busca-se estabelecer um processo de concessão recíproca, em que ambas as partes ganham de alguma forma e, simultaneamente, perdem de alguma forma, em prol de uma negociação benéfica para ambas. Nesse caso, ambas as partes ganham alguma coisa, mas cedem outras. Exemplo: numa ação judicial, uma parte se compromete a efetuar o conserto do aparelho celular, ao passo que a outra parte se compromete a não prosseguir no processo no que diz respeito aos danos morais.

Em todas essas estratégias, o argumentador deve definir precisamente seus objetivos e a forma de alcançá-los. De fato, a maioria das negociações é mista, pois alguns elementos de barganha podem ser de *resultado* por natureza, ao passo que outros podem ser atingidos com a *colaboração*. O argumentador deve ser um verdadeiro articulador entre meios e fins, de modo a adequar constantemente as suas estratégias aos seus objetivos no processo de persuasão.

4.3. Hermenêutica jurídica

a) Hermenêutica e direito

Como visto anteriormente, há uma forte relação entre a interpretação e a argumentação, o que torna imperioso o domínio dos recursos linguísticos e discursivos. A interpretação consiste, de maneira bastante introdutória, numa avaliação que determinado indivíduo realiza sobre algum aspecto da realidade, de modo a formar a sua concepção sobre tal aspecto. A argumentação, por sua vez, consiste no momento em que o indivíduo articula discursivamente aquele juízo que realizou sobre a realidade e expressa-o verbal ou corporalmente.

Além disso, observou-se que, em muitos casos, é possível observar pessoas com uma interpretação muito boa, mas com uma argumentação ruim. Em outros casos, pode acontecer o inverso, em que a argumentação destoa em relação à interpretação. Ainda pode ocorrer da interpretação e da argumentação serem ruins ou, o que seria o ideal, de ambas serem boas.

Desse modo, o que vai definir qual interpretação parece ser a mais razoável e que merece a adesão dos interlocutores é a argumentação.

O argumento vai permitir que o indivíduo convença os demais interlocutores de que a sua interpretação merece adesão. Havendo várias respostas válidas, somente se chega a uma definição a partir da argumentação, o que confere relevo aos recursos linguísticos e discursivos. Indo além, a argumentação ainda atua como critério de seleção de qual interpretação é a mais razoável. Em poucas palavras, interpretar e argumentar são mutuamente dependentes, de modo a inexistir qualquer hierarquia entre tais ações.

No campo do direito, a atividade interpretativa é fundamental. Os juristas foram sensíveis a esta relação, então produziram uma série de concepções e instrumentos a serem utilizados na atividade interpretativa, que são fundamentais para o processo de persuasão. Trata-se da perspectiva da hermenêutica, amplamente consagrada nas mais diversas obras jurídicas.

A palavra hermenêutica é originária da palavra grega *hermēneuein*, que significa, em linhas gerais, "declarar", "interpretar" e "traduzir". A hermenêutica ainda se encontra relacionada ao grego *ermēneutikē*, que significa "ciência" e "técnica", cujo objetivo consiste na interpretação simbólica de textos poéticos ou religiosos. A palavra deriva do nome do deus grego Hermes – o mensageiro dos deuses –, ao qual os gregos atribuíam a origem da linguagem, além de ser considerado o patrono da comunicação e do entendimento humano. De qualquer forma, a hermenêutica é entendida como um ramo da filosofia relacionado à compreensão humana da linguagem.

A hermenêutica se desenvolveu no campo do direito associada à ideia de interpretação, porém com um objetivo bastante preciso: captar o sentido da norma jurídica. Nesse sentido, a atividade de interpretação jurídica busca compreender o sentido subjacente a toda norma jurídica, de modo a estabelecer uma reflexão sobre a sua validade, eficácia, significado etc.

b) Elementos de interpretação

A atividade de interpretação pressupõe um método, que é o método hermenêutico do direito. Esse método busca realizar uma análise dos fatos sob a ótica das normas jurídicas existentes, de modo a alcançar uma solução ao caso concreto. Observe-se que, como toda atividade interpretativa, o método hermenêutico não é livre de desafios, sobretudo para aqueles que irão aplicar ou defender a aplicação de uma determinada norma jurídica em detrimento das demais. Assim como o conflito de argumentos é inerente ao campo do direito, o conflito de normas jurídicas também o será, o que exige por parte do argumentador um verdadeiro esforço crítico a respeito de seu próprio argumento e dos que lhe são apresentados.

Por essa razão, o campo do direito possui elementos que auxiliam na interpretação jurídica. Trata-se primordialmente dos elementos *gramatical, lógico-sistemático, histórico e teleológico*. Tais elementos devem ser considerados em conjunto, pois fazem parte de um todo: o método de interpretação. Como desdobramento, não há uma hierarquia entre tais elementos; cada caso concreto irá dizer qual elemento deve prevalecer em detrimento dos demais.

O que importa, neste tópico, não é propriamente o que significa e qual a utilidade de cada um desses elementos, mas sim a identificação de seus limites e desafios para que o argumentador possa refletir sobre até que ponto tais elementos podem prejudicar ou auxiliar a argumentação.

O elemento *gramatical* é o mais conhecido do mundo de direito, sobretudo em função da herança do positivismo jurídico. Esse elemento preconiza que a interpretação deve priorizar as estruturas de linguagem presentes na norma jurídica, enfatizando a literalidade e a gramaticalidade do texto escrito. Trata-se de um elemento bastante comum, em que se interpreta com base na "letra da lei".

Trata-se de um elemento que pode ser útil quando a norma é recente, na medida em que a semântica das palavras e a sua literalidade é mais identificável. Porém, quanto mais antiga for a norma, maior a possibilidade de haver dissonâncias entre os significados e a escrita da época, de um lado, e os significados e a escrita atual, de outro.

Exemplo disso é o presente originariamente no art. 215 do Código Penal, cujo tipo penal fora: *ter conjunção carnal com mulher honesta, mediante fraude*. Certamente, a interpretação acerca da expressão *mulher honesta* no ano de publicação do Código Penal, em 1940, é bem distinta da interpretação constituída na ditadura da década de 1970 e, mais distinta ainda da interpretação de mulher honesta em 2009. Uma mulher que vivesse de forma análoga à união estável na década de 1940 possivelmente não se enquadraria na interpretação de *mulher honesta*, ao passo que uma na mesma situação em 2009 seria interpretada dessa forma.

Um outro desafio que se impõe ao elemento gramatical diz respeito à indeterminação semântica das palavras. Não é raro observar num mesmo ordenamento jurídico a mesma palavra com significados distintos, até porque as leis não foram feitas ao mesmo tempo pelos mesmos legisladores. Além disso, pode-se identificar palavras que possuem alto grau de indeterminação, cabendo somente na verificação do caso concreto averiguar se são efetivamente aplicáveis.

Exemplo disso é o disposto no art. 5º, *caput*, da Constituição de 1988 que, apesar de ser relativamente recente, enseja diversas discussões sob o ponto de vista da hermenêutica jurídica. Segundo este artigo, *todos são iguais perante a lei, sem distinção de qualquer natureza, garantindo-se aos brasileiros e aos estrangeiros residentes no País a inviolabilidade do direito à vida, à liberdade, à igualdade, à segurança e à propriedade*. Assim, se fôssemos realizar uma interpretação gramatical, os estrangeiros que não são residentes no Brasil – tais como os turistas, trabalhadores temporários e os chefes de missão diplomática – não teriam os direitos previstos no art. 5º, podendo ser submetidos arbitrariamente à tortura, tratamento discriminatório, restringidos em sua liberdade de ir e vir e responder a processos sem ampla defesa ou contraditório. De fato, apesar da literalidade do texto, as garantias previstas acima devem ser ampliadas a todos os estrangeiros, inclusive aos não residentes. Aliás, essa foi a interpretação do STF a respeito do assunto, o que demonstra que os tribunais podem ampliar ou reduzir o escopo de sentidos da interpretação. Essas questões permitem problematizar o elemento gramatical, apesar de sua utilidade no âmbito da hermenêutica jurídica.

Um outro elemento consiste no *lógico-sistemático*. Tal elemento parte do princípio de que o ordenamento jurídico consiste num todo autoexplicável que não comporta qualquer contradição entre normas. Portanto, estabelece um sistema de resolução de antinomias, com o objetivo de preservar a integridade lógica do ordenamento. Nesse contexto, a norma deve ser interpretada à luz do sistema jurídico, sob o pressuposto de que qualquer conflito de normas no caso concreto é passível de resolução. Esse conjunto de leis passa a ser lido como um todo coerente e autoexplicável e, para a sua aplicação, basta que o indivíduo aplique um silogismo em que a premissa maior é a norma, a premissa menor é o fato, e a conclusão consiste na aplicação da norma ao fato.

Trata-se de um elemento que enseja menos problemas quando o ordenamento jurídico não é sucessivo, ou seja, quando não foi constituído a partir de leis criadas ao longo da história de uma sociedade. Entretanto, essa situação ideal é praticamente inviável, pois as sociedades possuem leis que vão se constituindo ao longo do tempo e convivendo com leis passadas, sendo isso, aliás, próprio da democracia. Assim, não é possível sustentar a coerência lógica de todo o ordenamento jurídico, tampouco afirmar que tal ordenamento está isento de contradições.

Exemplo disso é o crime praticado por pessoa que realiza desvio de água fornecida pelo sistema de encanamento. Suponha que uma pessoa desvie cerca de 10% da água que, em tese, passaria pelo relógio medidor. Trata-se de crime de estelionato, que se encontra tipificado no art. 171 do Código Penal: *obter, para si ou para outrem, vantagem ilícita, em prejuízo alheio, induzindo ou mantendo alguém em erro, mediante artifício, ardil, ou qualquer outro meio fraudulento.* O crime de estelionato é punível com pena de reclusão de um a cinco anos, além de multa.

Agora suponha que, na verdade, ocorreu o desvio de 100% da água que, em tese, passaria pelo relógio medidor. Trata-se de crime de furto, que se encontra tipificado no art. 155 do Código Penal: *subtrair, para si ou para outrem, coisa alheia móvel.* O crime de furto é punível com pena de reclusão de um a quatro anos, além de multa.

Ora, considerando as duas situações acima, observe que a pena em abstrato cominada para o crime de estelionato em função do desvio de 10% da água é maior do que a pena cominada para o crime de furto em função do desvio de 100%. Trata-se de uma incoerência, na medida em que um maior gravame à sociedade, o desvio de 100%, recebe uma pena em abstrato menor do que se o desvio fosse de 10% e, até mesmo, de 1%.

Esse exemplo demonstra como o ordenamento jurídico, quando confrontado com os fatos do nosso cotidiano, pode se apresentar incoerente e, até mesmo, contraditório. De fato, é impossível que o ordenamento jurídico seja perfeito, tampouco que seja aplicável de forma não contraditória a todos os fatos sociais. Por essa razão, o elemento lógico-sistemático também pode apresentar limitações.

O terceiro elemento é o *histórico*. Tal elemento busca fornecer ao intérprete alguns subsídios historicamente constituídos, os quais servem de alicerce na interpretação de dispositivos presentes nas normas jurídicas. Trata-se da possibilidade de o indivíduo interpretar as normas em função dos contextos históricos nos quais ela esteve inserida e foi produzida.

O grande desafio do elemento histórico consiste em efetivamente captar as características históricas das normas, sobretudo das normas vigentes há muito tempo. De fato, não é tão dificultoso identificar subsídios históricos para pensar a Constituição de 1988, a Lei "Maria da Penha" de 2006, e até mesmo a "Lei Seca" de 2008 (proibitiva de consumo de bebidas alcoólicas para motoristas). Desse modo, a perspectiva histórica é bastante razoável quando a norma produzida não é tão antiga, pois é mais acessível o conhecimento sobre o contexto social, além de se poder recorrer ao depoimento dos próprios indivíduos que produziram a norma.

Entretanto, quando se busca interpretar leis mais antigas, o elemento histórico pode ter pouco a oferecer. Certamente é problemático interpretar de forma fidedigna o Código de Hammurabi (1700 a.C.) ou a Magna Carta (1215 d.C.), mas também é igualmente crítica a interpretação fidedigna do Código Comercial de 1850 e do Código Penal de 1940. No caso dessas legislações brasileiras, é importante ressaltar que ainda estão vigentes, ao menos parcialmente, o que lhes permite a "convivência" com outras normas jurídicas mais recentes. Assim, qual é a interpretação histórica mais adequada do Código Civil de 1916? E quais são os pressupostos históricos da Consolidação das Leis do Trabalho de 1943? Conforme a lei se torna mais antiga, fica mais dificultoso efetivamente realizar uma interpretação do passado com os olhos do presente, sendo este cada vez mais distante do momento em que a norma se originou.

Por fim, é preciso refletir sobre o elemento *teleológico*. Tal elemento busca privilegiar a investigação acerca dos fins de uma determinada norma. A palavra grega *thélos* quer dizer finalidade; daí a ideia do método teleológico pressupor a possibilidade de o indivíduo identificar a finalidade para a qual uma norma se destina e, a partir dessa identificação, interpretá-la.

Não é raro observar, no campo do direito, a recorrência a expressões como "intenção do legislador". A ideia de "intenção" parte do princípio de que toda norma possui uma finalidade específica a ser descoberta, na medida em que o legislador – por pressuposto, racional e previsível – imprimiu no conteúdo da norma tal finalidade, e não outras. Trata-se de uma ficção em função de dois motivos básicos:

a) o processo legislativo de aprovação de leis não se desenvolve com apenas um legislador, pois enseja, na verdade, uma pluralidade de concepções, interesses, ideologias e interpretações sobre como a norma deve ser;
b) a norma não possui apenas uma única finalidade e, tampouco, as consequências da aprovação de uma norma são absolutamente previsíveis ou controláveis pelo(s) legislador(es).

Com isso, o desafio principal do elemento teleológico é o *salto indutivo* através do qual o indivíduo pode afirmar qual(is) era(m) efetivamente a(s) finalidade(s) daquela norma específica. Afinal, qual foi efetivamente a finalidade da Constituição de 1988? Proteger a ordem econômica ou promover a igualdade concreta? Na posição de um grande latifundiário, certamente a interpretação da finalidade seria a primeira, ao passo que na posição de um membro do MST, a interpretação seria a segunda. Isso se torna ainda mais complexo e dificultoso quando se trata de interpretar finalidades de leis mais antigas.

Na verdade, não existe "O Legislador", assim como não existe "A Intenção". São ficções que permitem operacionalizar as interpretações sobre as possíveis finalidades das normas, e o argumentador deve estar atento a tais reducionismos.

c) A falibilidade do método

Como visto, os elementos de interpretação (gramatical, lógico-sistemático, histórico e teleológico) compõem um verdadeiro método hermenêutico através do qual o indivíduo vai realizar juízos avaliativos a respeito das normas jurídicas. Conforme analisado, todos os elementos possuem desafios e limitações, de modo que somente quando pensados de forma conjugada tais desafios e limitações podem se compensar mutuamente.

Por mais que tais elementos sejam úteis e, de fato, auxiliem em boa parte dos problemas jurídicos, sempre há a possibilidade de lacunas, imprecisões e espaços a serem preenchidos pela criatividade do argumentador ou daquele que aplica o direito. A sociedade se transforma mais rápido que o direito, então é natural que haja lacunas não previstas nas normas ou que, mesmo se previstas, apresentem problemas de aplicabilidade ao caso concreto.

Para os casos de lacunas, a teoria do direito tem fornecido alguns instrumentos para que sejam resolvidos problemas dessa natureza. São exemplos que auxiliam nessas situações: *analogia*, *interpretação extensiva e restritiva*, *princípios gerais de direito* e *equidade*.

A *analogia* consiste em uma relação de equivalência entre duas outras relações. A analogia tem uma forma de expressão que segue o seguinte regramento: A está para B, assim como C está para D. O exemplo tradicionalmente utilizado é o da relação entre patins e esquis. Utilizando-se da analogia, afirma-se que *os patins estão para o patinador, assim como os esquis estão para o esquiador*. Em outras palavras, a relação que os patins estabelecem com o patinador é semelhante à relação que os esquis estabelecem com o esquiador. No caso do direito, a analogia consiste em aplicar a um caso não previsto diretamente por uma norma jurídica, uma norma prevista para uma hipótese distinta, mas semelhante ao caso concreto.

Em geral, a analogia permite resultados satisfatórios no preenchimento de lacunas, sendo importante frisar que o ordenamento jurídico veda a aplicação de analogia em alguns casos, tais como para a criação de novos tributos ou para prejuízo do réu criminal. Entretanto, deve-se ressaltar que as analogias são fluidas e uma análise mais detalhada poderá revelar algumas imperfeições na comparação.

As *interpretações extensiva e restritiva* permitem ampliar ou restringir o sentido de uma determinada norma jurídica, sem alterar o seu texto. No caso da *interpretação extensiva*, ocorre quando o intérprete conclui que o alcance da norma é mais amplo do que indicam seus termos. Nesse caso, diz-se que o legislador escreveu menos do que queria dizer. Cabe ao intérprete ampliar o campo de incidência da norma, de modo a aplicá-la a determinadas situações não previstas expressamente em sua letra, mas que nela se encontram, abstrata e extensivamente, incluídas.

No caso da *interpretação restritiva*, ocorre quando o intérprete restringe o sentido da norma ou limita sua incidência, concluindo que o legislador escreveu mais do que realmente pretendia dizer, e assim o intérprete reduz a amplitude semântica da norma.

Em geral, aplica-se a *interpretação extensiva* quando se busca assegurar direitos, garantias e prazos fixados. A *interpretação restritiva*, por sua vez, é comumente aplicada quando se encontram normas gerais que trazem benefícios específicos, normas punitivas e normas de natureza fiscal.

Os *princípios gerais de direito* também são fundamentais nesse contexto. Trata-se de enunciações normativas abstratas, que condicionam e orientam a compreensão do sistema jurídico em sua aplicação e integração ou mesmo para a elaboração de novas normas. São os princípios que decorrem do próprio fundamento da legislação positiva, que, embora não necessariamente expressos, constituem os pressupostos lógicos necessários das normas legislativas. Os princípios gerais de direito positivo se revestem de nítido conteúdo social, pois refletem a orientação de cada concepção política e jurídica ao longo do tempo e do espaço. São, portanto, os alicerces do ordenamento jurídico e não necessariamente estão definidos em alguma norma legal.

Em geral, é possível citar os seguintes exemplos: a) ninguém pode se beneficiar da própria torpeza; b) alegar e não provar é o mesmo que não alegar; c) ninguém é obrigado a citar os dispositivos legais nos quais ampara sua pretensão, pois se presume que o juiz, deles, tenha conhecimento. Refletem valores sociais abstratos, que estão presentes em sociedades específicas e refletem seus anseios e fins sociais.

A *equidade* também é um instrumento importante nessa seara. A equidade consiste na adaptação da regra existente à situação concreta, considerando-se os critérios de justiça social e igualdade concreta. Busca, então, adaptar uma regra a um caso específico com o objetivo de aproximá-la de critérios mais justos. A equidade é fundamental para a aplicação do direito. Caso fosse inexistente, a aplicação das normas poderiam ser mais rígidas, o que poderia beneficiar maiores situações de injustiça, sobretudo à população. Em termos gerais, é facultado ao julgador valer-se de seus próprios critérios de justiça na aplicação da equidade para que não fique adstrito às regras ou métodos de interpretação preestabelecidos.

4.4. Importância de regras e princípios

UMA vez realizada uma reflexão mais rigorosa sobre os limites e desafios da interpretação de normas jurídicas, é preciso compreender, mais precisamente, o que são normas jurídicas e como se deve pensá-las no contexto argumentativo. Classicamente, as normas são definidas como um corpo sistematizado de regras de conduta, as quais são caracterizadas pela coercitividade e imperatividade. Assim, as normas consistem num imperativo de conduta, que coage os sujeitos a se comportarem da forma por ela esperada e desejada.

A despeito dessa perspectiva clássica, é preciso compreender que as normas jurídicas não são apenas meios de coerção para que os indivíduos ajam de determinada forma. As normas jurídicas podem ser pensadas como reflexo de conteúdos, formas e valores sociais. Com isso, as normas jurídicas podem ser pensadas como *regras* e também como *princípios*. Tanto as regras quanto os princípios são permeados por uma linguagem. Na perspectiva de Ronald Dworkin, aperfeiçoada por Robert Alexy, as regras e os princípios devem ser compreendidos como *normas* porque ambos dizem o que *deve ser*. As normas são gêneros das espécies regras ou princípios, mas tais espécies não são iguais. As diferenças estão elencadas na tabela abaixo:

Nº	Regras	Princípios
1ª	Refletem texto	Refletem valores
2ª	Concretas	Abstratos
3ª	Topográficas	Não topográficos
4ª	Colisão gera exclusão	Colisão gera ponderação

a) Primeira diferença: texto x valores

As regras estão relacionadas ao texto jurídico, isto é, estão escritas num determinado referencial normativo do direito, comumente denominado de forma ampla como *lei*. O art. 5º da Constituição, o art. 171 do Código Penal e o art. 175 do Código Civil são regras porque estão presentes em sua gramaticalidade num determinado texto jurídico. Nesse sentido, as regras possuem um aspecto formal, na medida em que, para se constituírem como tais, devem passar por um procedimento legislativo formal de aprovação.

Os princípios, por sua vez, possuem uma lógica distinta. Os princípios não necessariamente precisam estar escritos para vigerem num determinado ordenamento jurídico. O princípio da dignidade da pessoa humana, da liberdade e da presunção da inocência são valores presentes numa sociedade que independem de um texto jurídico para efetivamente serem analisados como normas jurídicas. De fato, são imperativos porque construídos socialmente, de modo a revelar um aspecto material, concreto e constitutivo dos valores sociais.

b) Segunda diferença: concretas x abstratos

As regras possuem uma aplicação concreta, na medida em que seu âmbito de incidência é previsto no próprio texto jurídico. Uma regra penal relativa a prazos para recurso, por exemplo, não é aplicada na esfera administrativa, assim como uma regra de direito civil relativa à realização de benfeitorias não pode ser aplicada para regras de direito tributário. Desse modo, em função de sua gramaticalidade, as regras são sempre concretas, uma vez que preveem situações específicas nas quais incidirão.

Os princípios, por sua vez, caracterizam-se pela abstratividade. Apesar de em muitos casos remeterem a campos relativamente conhecíveis, os princípios possuem maior grau de aplicação em campos distintos do que as regras. O princípio da presunção de inocência, típico do direito penal, pode ser utilizado sem qualquer dificuldade num procedimento administrativo, assim como o princípio da dignidade da pessoa humana pode ser utilizado para fundamentar a impossibilidade de penhora de um bem de família. Desse modo, os princípios possuem maior possibilidade de aplicação em campos distintos, porque são mais abstratos que as regras.

c) Terceira diferença: topográficas e não topográficos

Em função de sua relação intrínseca com o texto jurídico, a regra sempre obedece a uma topografia. Isto quer dizer que a regra obedece a um sistema de organização em artigos, parágrafos e incisos que permite a sua identificação topográfica imediata no ordenamento jurídico. A possibilidade de identificar a gramaticalidade das leis é elemento definidor das regras jurídicas.

Por outro lado, os princípios não possuem necessariamente uma topografia. Em virtude de sua forte relação com os valores presentes numa determinada sociedade, os princípios não necessariamente estão positivados ou previstos numa determinada lei. Como visto, isto não quer dizer que o princípio seja desprovido de validade, pelo contrário.

d) Quarta e fundamental diferença: colisão com exclusão x colisão com ponderação

Esta quarta diferença é fundamental para a temática da argumentação. Como visto, qualquer esforço de persuasão enseja necessariamente a constituição de uma situação de conflito, em que as partes buscam, em todo momento, convencer as demais a respeito da razoabilidade de seu próprio argumento.

Logicamente, as regras também podem colidir entre si, assim como os princípios o podem. E não é incomum observar situações em que essas colisões ocorrem, devendo o argumentador compreender as implicações da colisão entre regras e entre princípios, já que os efeitos de ambas são distintos.

A colisão entre regras enseja a exclusão do ordenamento jurídico de uma das regras colidentes. Suponha que existam duas regras: uma estabelece o prazo de 8 dias para a interposição de recurso, ao passo que a outra estabelece o prazo de 15 dias. Diante da flagrante colisão, uma dessas regras deverá ser excluída do ordenamento jurídico, ou seja, não mais possuirá validade.

A técnica jurídica possui três critérios básicos para a definição de qual regra irá prevalecer: anterioridade, hierarquia e especialidade. Na *anterioridade*, a regra que for publicada posteriormente revogará a que lhe é anterior, no que for contrário, inclusive em função de um argumento de adaptação do direito à nova realidade. De acordo com a *hierarquia*, a regra que for superior do ponto de vista da estrutura piramidal do ordenamento jurídico revogará a que for inferior no que for contrário. Portanto, uma regra municipal é revogada pela estadual, que é revogada pela federal, que é revogada pela Constituição. Por fim, o terceiro critério é o da *especialidade*, que exige que a norma especial relativa a um determinado assunto revogue a norma geral no que for contrário. A partir desses três critérios, é possível alcançar um denominador a respeito de qual norma deverá permanecer no ordenamento jurídico e qual deverá cessar a sua validade.

A colisão entre princípios obedece a uma outra lógica, que não se confunde com a das regras. Como visto, os princípios são, antes de tudo, valores sociais. Portanto, a colisão entre princípios não pode ensejar a exclusão de um deles do ordenamento jurídico, na medida em que eles transcendem tal ordenamento. Com isso, ambos os princípios colidentes permanecem válidos, sendo realizado um exercício de ponderação por parte do argumentador e, sobretudo, do aplicador do direito.

A ponderação, em linhas gerais, significa a averiguação, no caso concreto, de qual princípio deve prevalecer. Isto não quer dizer que o outro princípio (aquele que não prevalecerá no caso concreto) será excluído do ordenamento jurídico. Ele continuará vigente e eficaz, porém sua aplicação será afastada naquele caso concreto em função de outro princípio. Aliás, em outro caso concreto, aquele princípio que fora afastado poderá ser aplicado e, até mesmo, o que fora aplicado no primeiro caso pode ser afastado no segundo.

Exemplo disso é o impasse a respeito da utilização de véus nas escolas públicas francesas por parte de jovens mulheres adeptas do islamismo. No caso concreto, observa-se uma colisão entre dois princípios: o da liberdade religiosa (toda e qualquer pessoa tem o direito de manifestar sua opção religiosa de maneira pacífica) e o da igualdade (não é permitida a distinção de qualquer natureza entre os indivíduos nas esferas públicas, tais como as escolas).

Somente a partir da ponderação no caso concreto é possível chegar a uma solução. Nessa situação, prevaleceu na França o princípio da igualdade, o que permitiu a proibição do uso de véu islâmico nas escolas públicas. Mas isso quer dizer que o princípio da liberdade religiosa foi excluído do ordenamento jurídico? De fato não, pois a atividade de ponderação apenas o afastou no caso concreto, sendo perfeitamente aplicável aos demais casos.

Outro exemplo diz respeito à construção de hidrelétricas em determinadas regiões do Brasil em que vivem comunidades ribeirinhas. No caso concreto, observa-se uma colisão entre dois princípios: o do interesse público (é licito ao Estado promover ações e iniciativas produtivas que tragam benefícios econômicos à sociedade brasileira) e o da autodeterminação cultural (as comunidades específicas possuem direito à manutenção e respeito às suas práticas culturais, estilos de vida e projetos de futuro).

Somente a partir da ponderação no caso concreto é possível chegar a uma solução. Nessa situação, prevaleceu no Brasil o princípio do interesse público, o que permitiu ao poder público a construção de hidrelétricas, respeitando-se um planejamento de remoção e adaptação das comunidades ribeirinhas em outras localidades. Mas isto quer dizer que o princípio da autodeterminação foi excluído do ordenamento jurídico? De fato não, pois a atividade de ponderação apenas o afastou no caso concreto, sendo perfeitamente aplicável aos demais casos.

Portanto, é possível sintetizar a diferença da seguinte forma: o conflito de regras enseja a exclusão de uma dessas regras do ordenamento jurídico, ao passo que o conflito de princípios exige a ponderação no caso concreto de qual princípio deve prevalecer.

e) Limites e desafios de se utilizar regras e princípios

De fato, o argumentador deve estar alerta a respeito dos limites e desafios de privilegiar, em sua argumentação, a utilização de regras ou a utilização de princípios. Em geral, são utilizados no argumento ambos, porém é preciso compreender que os *efeitos argumentativos* não são iguais. Privilegiar regras produz determinadas consequências, ao passo que privilegiar princípios produz consequências de outra natureza.

Basicamente, as regras possuem uma característica importante: são dotadas de maior certeza jurídica. Já que a regra encontra-se escrita num determinado texto jurídico, basta identificá-la topograficamente nesse texto e utilizá-la como referencial normativo explícito, expresso e evidente.

Por outro lado, o argumentador deve estar atento para as hipóteses de revogação das regras que ele utiliza no processo de argumentação. A revogação pode ser:

a) *expressa*, ou seja, uma outra lei prevê expressamente quais dispositivos da lei utilizada foram revogados;
b) *tácita*, ou seja, a lei revogadora é implícita e a revogação resulta da incompatibilidade entre as normas.

Com isso, a utilização de regras, a despeito de conferir uma certeza jurídica ao argumentador, pode lhe oferecer uma situação de fragilidade argumentativa caso a regra utilizada tenha sido revogada expressa ou tacitamente sem o seu conhecimento prévio. Assim, apesar das regras conferirem a certeza, é preciso que o argumentador adote diligências cuidadosas para sustentar a sua vigência e eficácia. Lembre-se que uma regra posterior, superior ou especial revoga aquela utilizada pelo argumentador, então é preciso ser meticuloso na seleção das regras a serem utilizadas.

Os princípios são valores presentes na sociedade, então não possuem necessariamente a certeza jurídica das regras, pois não são topográficos. A sociedade possui diversos valores que, nos casos concretos, podem entrar em colisão, tais como: dignidade da pessoa humana, liberdade, igualdade, proteção do consumidor, inocência, defesa do meio ambiente, inércia da jurisdição etc. Diante dessa pluralidade de princípios, o argumentador facilmente encontra respaldo à sua argumentação quando se fundamenta em determinados valores presentes na sociedade.

Se fôssemos pensar somente nos princípios constitucionais, é possível que dois argumentadores distintos realizem defesas convincentes e persuasivas, apesar de opostas, sobre temas cruciais, tais como a reforma agrária. Um argumentador pode defender de forma bastante convincente a autonomia privada e a defesa da propriedade dos latifundiários utilizando princípios constitucionais. Da mesma forma, o outro argumentador pode defender de forma igualmente persuasiva a justiça distributiva e a função social da propriedade para justificar os assentamentos do MST.

Desse modo, apesar dos princípios permitirem uma maior liberdade ao argumentador para reforçar suas postulações, eles também exigem do indivíduo um esforço argumentativo muito maior. Na medida em que os princípios em colisão obedecem a uma lógica de ponderação ao caso concreto, prevalecerá o princípio que for mais persuasivo e, portanto, mais bem fundamentado e argumentado para ser aplicado naquele caso específico. Isso exige do argumentador um esforço muito maior do que se privilegiasse as regras jurídicas, além de uma dedicação especial a respeito de como o seu princípio pode prevalecer e ser aplicado no caso concreto.

4.5. Pensando a Constituição brasileira

a) Constituição e argumentação

A DISTINÇÃO acima entre regras e princípios é fundamental para aquele que almeja o sucesso na argumentação, sobretudo no que concerne aos limites e desafios de se utilizar as regras, que são distintos dos limites e desafios de se utilizar princípios.

Considerando isso, é fundamental realizar uma análise mais rigorosa a respeito das características do principal texto jurídico brasileiro: a Constituição da República Federativa do Brasil de 1988. Trata-se de uma norma que reúne, em seu corpo, uma série de regras e princípios fundamentais para o ordenamento jurídico brasileiro.

A Constituição foi fruto de exaustivos debates entre diversos atores sociais e políticos. Essa Constituição representa o resultado de lutas de mais de vinte anos, que culminam na garantia de direitos sociais e na universalização de alguns direitos como atributos de cidadania e, simultaneamente, dever do Estado brasileiro. São diversos os fatores que concorrem para o teor social dessa Constituição, dentre os quais se destacam os seguintes:

Em *primeiro* lugar, a Constituição representa a tentativa de correção dos excessos e descaminhos provocados pelo regime militar, garantindo um amplo catálogo de direitos sociais intangíveis pelo Estado e uma série de instrumentos processuais para a sua efetivação. Esses direitos encontram-se vinculados ao princípio constitucional da dignidade humana, que é previsto logo no art. 1º da Carta Magna. Por serem compreendidos como inerentes à própria personalidade do cidadão, tais direitos devem ser plenamente garantidos e efetivados pelo Estado. A dignidade da pessoa humana se apresenta, ao mesmo tempo, como um limite e tarefa dos poderes estatais, e é através dela que as ações públicas passam a se pautar.

Um *segundo* fator refere-se à própria intenção de formular uma Constituição que atue como redutora de diferenças sociais, políticas, econômicas e culturais. A nova Constituição deveria ser um instrumento de emancipação social, com o intuito de buscar a igualdade concreta entre as pessoas, de modo a tensionar o tradicional princípio da isonomia. O princípio da isonomia preconiza que todos são iguais perante a lei. Traduz, assim, uma igualdade formal. Diversas tradições do pensamento jurídico questionam essa ideia. Como visto, a corrente marxista sustenta que a ideia de igualdade perante a lei não bastaria para promover a igualdade concreta, material ou, ainda, substantiva. O Estado não reconhece e não intervém no conflito, já que todos são iguais perante a lei; assim, o formalismo da lei por si só não garante a igualdade entre os homens. Justifica-se, assim, o fato de Ulyssses Guimarães tê-la apelidado de *Constituição Cidadã*. Esse caráter diz respeito à consagração de um amplo sistema de direitos fundamentais e de procedimentos judiciais para a sua defesa, além de ter retirado do âmbito privado e levado à esfera pública questões que eram tratadas apenas como direitos individuais entre particulares.

Um *terceiro* elemento se refere à participação da sociedade civil, dos grupos sociais e políticos e dos diversos grupos de pressão. Uma vez que o processo de abertura democrática do Estado brasileiro adveio antes da própria Constituição, foi possível a expressiva participação de uma pluralidade de atores no processo de sua formulação. Portanto, em virtude da ampla presença de diversos seguimentos da sociedade civil e do Estado, uma característica marcante desse momento histórico é o pluralismo.

Diante dessas características – corretiva de injustiças, redutora de diferenças e pluralista –, a Constituição passou a comportar uma série de regras e princípios úteis a qualquer argumentador. O ordenamento jurídico brasileiro passou a ser aberto, pois passou a permitir a incorporação de outras normas à Constituição por meio de Emendas, além de ampliar a consolidação de normas presentes em tratados e convenções internacionais, sobretudo de direitos humanos. Em suma, a Constituição passou a ser *abrangente*.

b) Características da Constituição de 1988

No que concerne à argumentação jurídica, a Constituição de 1988 possui três características fundamentais. Trata-se de uma Constituição *cidadã* e *incorporadora*, que foi constituída de forma *compromissória*. É essencial que o argumentador tenha consciência das implicações dessas características para a argumentação, o que torna a atividade de persuasão ainda mais complexa no Brasil.

A primeira característica, famosamente denominada por Ulysses Guimarães, consiste na de Constituição *cidadã*. A Constituição brasileira afirmou uma série de direitos e garantias individuais e coletivos, que foram fundamentais para a preservação da liberdade e da igualdade desrespeitados no período ditatorial. A título de exemplo, o art. 5º traz mais de cinquenta incisos que preveem direitos individuais, além de outros previstos de forma mais esparsa no restante do texto constitucional. Além disso, especialmente nos arts. 6º e 7º, a Constituição ainda consagrou direitos e garantias coletivos, tais como o meio ambiente e a saúde, estabelecendo referenciais jurídicos a serem aplicados a toda a sociedade, sem qualquer restrição.

Simultaneamente, a Constituição estabeleceu uma série de instrumentos jurídicos que possibilitariam a efetivação de tais direitos e garantias individuais e coletivos. A Constituição ampliou a possibilidade de controle de constitucionalidade exercido pelo Judiciário por meio da via concentrada (ex.: ação direta de inconstitucionalidade, ação declaratória de constitucionalidade, ação de descumprimento de preceito fundamental etc.) e pela via difusa (por meio de incidentes processuais a serem julgados por juízes monocráticos e tribunais). Indo além, intensificou os mecanismos e estratégias de ampliação do acesso à justiça (ex.: Juizados Especiais Cíveis e Criminais, Justiça Itinerante, Defensoria Pública etc.). Por fim, consagrou uma série de instrumentos jurídicos individuais e coletivos, tais como o mandado de segurança, *habeas corpus*, *habeas data*, mandado de injunção, ação popular etc.

A segunda característica consiste no seu caráter *compromissório*. Nota-se que as condições de aprovação de uma lei estão diretamente ligadas à sua capacidade de comportar os diversos interesses, principalmente dos parlamentares e dos mais variados grupos de pressão. Ou seja, para uma norma passar por todos os procedimentos de sua formulação e ser aprovada de maneira efetiva, ela deve necessariamente conter elementos que tragam para si a aprovação dos que a fazem, que se cristaliza pela ideia de compromisso. Isso implica reconhecer que o alargamento da abrangência da lei é um elemento estruturante da democracia pluralista, justamente porque essa lei só poderá dar conta dos interesses se for através da abrangência semântica. A pluralidade traz consigo a incapacidade de formar homogenias legais, propiciando leis e artigos com redação cada vez mais imprecisa e heterogênea.

Vejamos um exemplo paradigmático: no processo de formulação da Constituição de 1988 havia um debate sobre quando seria o descanso semanal remunerado e sobre qual seria o texto constitucional definitivo. O grupo da esquerda defendia que o descanso semanal deveria ser *obrigatoriamente* aos domingos, ao passo que o grupo da direita defendia que este deveria ser convencionado entre trabalhador e empregador, ou seja, deveria ser *flexível*. Ao final dos debates e da votação, observa-se que a lei, para ser aprovada, deveria conter elementos que atendessem ambas as posições. Nesse sentido, com a aprovação do art. 7º, XV, a redação final consagrou que o descanso semanal remunerado seria *preferencialmente aos domingos*. Com isso, a norma do descanso semanal não foi tão obrigatória, nem tão flexível. Buscou-se, simultaneamente, com o objetivo de comportar os diversos interesses, amenizar a obrigatoriedade defendida pelos esquerdistas e enrijecer a flexibilidade defendida pelos direitistas.

Esse exemplo nos fornece elementos relevantes do contexto democrático-pluralista contemporâneo. Assim, nota-se que as condições de aprovabilidade de uma lei estão diretamente ligadas à capacidade de essa lei dar conta dos diversos interesses, principalmente dos parlamentares e dos grupos de pressão. O alargamento da abrangência da lei é um elemento estruturante da democracia pluralista, justamente porque essa lei só poderá atender os diversos interesses se for através da abrangência semântica.

Com o advento da democracia pluralista, na década de 1980, a realidade nacional transfigura-se para algo inédito. Não somente no Brasil, mas em países de vanguarda, como Portugal, o formalismo e a hegemonia ideológica dão lugar ao diálogo e ao consenso. A noção de Constituição *compromissória* remete ao fato de que esta não é produto de uma vontade vitoriosa, mas sim da confluência de poderes no sentido de verem representados no texto legal os seus interesses, principalmente através da abrangência semântica dos artigos.

Do ponto de vista da argumentação, isso enseja desafios notórios. Uma vez que a Constituição encontra-se permeada por compromissos, o argumentador pode identificar no texto constitucional argumentos sólidos para que ele defenda qualquer posição. É possível fazer uma defesa convincente e persuasiva com base no texto constitucional a favor ou contra o MST, o aborto de fetos anencéfalos, as políticas de cotas e até mesmo da fidelidade partidária. O pluralismo trouxe o compromisso, e o compromisso trouxe instrumentos para que os argumentadores possam se posicionar de forma antagônica e, ainda assim, convincente e respaldada juridicamente.

A terceira característica consiste no seu caráter *incorporador*. A Constituição estabeleceu mecanismos de incorporação de outras normas que não estivessem originariamente previstas em seu texto. Segundo o art. 5º, § 2º, os direitos e garantias expressos na Constituição *não excluem outros decorrentes do regime e dos princípios por ela adotados, ou dos tratados internacionais em que a República Federativa do Brasil seja parte*. Desse modo, o próprio texto constitucional permitiu que outros direitos e garantias associados ao regime republicano ou aos tratados internacionais sejam incorporados como normas jurídicas no Brasil.

Trata-se de uma conquista considerável, sobretudo porque permite que tratados internacionais, com especial enfoque para os direitos humanos, tenham eficácia de norma jurídica no ordenamento jurídico do Brasil. Trata-se de um assunto que merece um debruçar mais apurado a seguir.

4.6. A incorporação de normas internacionais no argumento jurídico

a) Sistemática tradicional de incorporação de tratados

De acordo com o entendimento do Supremo Tribunal Federal (STF), desde a década de 1970, o tratado internacional, uma vez celebrado pelo Presidente da República, referendado pelo Congresso Nacional por meio de decreto legislativo, promulgado e publicado por decreto presidencial, vige no ordenamento jurídico com o *status* de norma infraconstitucional, seja ele concernente a direitos humanos ou não. Acolhe-se, assim, a equiparação jurídica do tratado internacional à lei ordinária federal, submetendo-o hierarquicamente às normas constitucionais.

De certo, existiam posições contrárias a esta defendida pelo STF, preferindo muitos autores reconhecer, senão o *status* constitucional dos tratados de direitos humanos, ao menos uma *posição normativa supralegal*, ou seja, esses tratados estariam acima das leis ordinárias, subordinando-se somente à Constituição.

Com a Constituição de 1988, após enumerar o extenso rol de direitos e garantias fundamentais, foi estabelecido, nos §§ 1º e 2º do art. 5º, que:

> *§ 1º. As normas definidoras dos direitos e garantias fundamentais têm aplicação imediata.*
>
> *§ 2º. Os direitos e garantias expressos nesta Constituição não excluem outros decorrentes do regime e dos princípios por ela adotados, ou dos tratados internacionais em que a República Federativa do Brasil seja parte.*

Através de uma interpretação sistemática, observa-se que o § 2º consagra uma *cláusula geral e aberta* de recepção dos tratados internacionais, que se encontra presente não só na Constituição brasileira, mas em diversas outras do continente americano. Observe que esse parágrafo, ao ser combinado com a norma contida no § 1º, confere aplicabilidade imediata a tais tratados, sendo, portanto, plenamente exigível sua observância como norma pertencente ao ordenamento jurídico. Aliando esse parágrafo à compreensão já consolidada do Supremo Tribunal Federal, observa-se que, pela sistemática tradicional de incorporação, os tratados internacionais, independentemente de versarem sobre matérias de direitos humanos ou não, são equiparados a normas infraconstitucionais, ou seja, situam-se numa hierarquia abaixo da Constituição.

b) As transformações da Emenda Constitucional nº 45/2004

Em 2004, foi promulgada a Emenda Constitucional nº 45, que reconfigurou a sistemática de incorporação de tratados no ordenamento jurídico constitucional brasileiro ao admitir a possibilidade desses tratados serem incorporados com o *status* de normas constitucionais, por meio do novo § 3º inserido no art. 5º da Constituição. De fato, há diversos pontos importantes a serem debatidos no campo doutrinário e jurisprudencial nos anos subsequentes, até porque, até o momento, não temos experiências concretas de incorporação de tratados de direitos humanos pelos moldes do novo parágrafo no Brasil.

Compreende-se que esse artigo produz alterações substanciais no ordenamento jurídico brasileiro, o que demanda reflexão e discussão mais profundas sobre suas possíveis consequências do ponto de vista das instituições jurídicas, bem como da própria estrutura lógico-normativa do ordenamento jurídico. De início, é preciso analisar o novo dispositivo:

> *§ 3º Os tratados e convenções internacionais sobre direitos humanos que forem aprovados, em cada Casa do Congresso Nacional, em dois turnos, por três quintos dos votos dos respectivos membros, serão equivalentes às emendas constitucionais.*

Como é possível observar, esse parágrafo determina que tratados internacionais relativos a direitos humanos que sejam ratificados pelo Brasil tenham *status* constitucional. A condição é que esses tratados sejam aprovados, em cada Casa do Congresso Nacional (Senado e Câmara dos Deputados), em dois turnos, por três quintos dos votos dos respectivos membros, passando a ter, após tal procedimento, valor de emenda constitucional. Trata-se de um dispositivo que abre a possibilidade de que tratados internacionais sejam equiparados a normas constitucionais, desde que passem por um procedimento legislativo qualificado de aprovação.

Mais precisamente, o constituinte derivado colocou em debate um tema que se encontrava pacífico no Supremo Tribunal Federal desde os anos 70, mas que continuava conflitante no campo doutrinário: o posicionamento hierárquico das normas internacionais de direitos humanos dentre as fontes normativas do sistema jurídico brasileiro.

Entretanto, apesar do § 3º ser aparentemente positivo e garantista – por incluir no rol das normas constitucionais os tratados internacionais sobre direitos humanos devidamente aprovados –, pode originar desafios de grande relevância e consequências impremeditadas ao ordenamento jurídico, que necessariamente merecerão apreço por parte dos constitucionalistas e dos doutrinadores de direito internacional. Nesse sentido, é preciso refletir criticamente acerca das possíveis consequências jurídico-normativas do fato de um tratado de direitos humanos ser equiparado à categoria de emenda constitucional no Brasil, sobretudo no que concerne ao tema da argumentação jurídica.

De fato, a problemática do § 3º do art. 5º se resume nos seguintes pontos: o tratado cujo teor abranja direitos humanos pode ser equiparado à Constituição. Então, para ter dignidade de norma constitucional e, consequentemente, ter eficácia de emenda constitucional, deve passar pelo crivo qualificado do Congresso Nacional, sendo aprovado pelos mesmos trâmites legais de uma emenda. Assim que é aprovado, o tratado terá força de norma constitucional e vigerá no ordenamento jurídico como tal. Em decorrência, esse tratado poderá revogar normas infraconstitucionais, poderá revogar outras normas constitucionais, e passará por trâmites especiais de mudança legislativa.

Surgem, então, alguns pontos interessantes que devem ser considerados a respeito. Como visto, se um tratado é assinado, quer dizer que ele é considerado uma norma infraconstitucional, de acordo com o entendimento do Supremo Tribunal Federal. Entretanto, se dispuser sobre direitos humanos, pode ter força constitucional, desde que obedeça aos trâmites legislativos. Ora, qual é a eficácia do novo parágrafo? Qual é o tratamento adequado ao tratado que é assinado, mas não recebe força constitucional pelo Congresso? Como procederá a jurisprudência e a doutrina no eventual conflito entre tratados que fazem parte de um mesmo ordenamento jurídico e que, *a priori*, são dotados de uma mesma eficácia? O Congresso não teria um poder diferenciado ao qualificar determinado tratado de constitucional ou infraconstitucional? Em que medida o Poder Judiciário pode atuar através do recurso à ponderação? Trata-se de perguntas que merecem reflexões mais apuradas, sobretudo porque estamos tratando de argumentação jurídica.

c) A eficácia "ex nunc" do novo parágrafo

Uma primeira questão que surge no estudo do novo parágrafo remete à sua própria eficácia em relação ao tempo, ou seja, da possibilidade dos seus efeitos serem apenas prospectivos ou, também, retrospectivos. Mais precisamente, deve a incorporação de um tratado de direitos humanos ter eficácia *ex tunc* ou *ex nunc*? Ou, então, é possível que tratados assinados *antes* da aprovação da emenda constitucional sejam também elevados ao *status* de tratados constitucionais? Caso negativo, o que fazer e como pensar o lugar jurídico dos tratados anteriores à emenda?

De fato, não parece razoável que os tratados anteriores ao dispositivo devam passar por nova aprovação do Congresso Nacional. Imagine ter que aprovar em cada Casa do Congresso Nacional, em dois turnos, e por três quintos dos votos dos respectivos membros, todos os tratados internacionais anteriormente assinados para saber se devem ou não adquirir o *status* constitucional. Certamente seria inviável e não razoável, pois demandaria muito tempo, discussões e acordos políticos para a sua aprovação, redundando numa série de tratados que alcançariam o *status* constitucional em virtude de opções políticas, em detrimento de outros não incluídos nessas opções.

Nesse sentido, parece razoável que a eficácia desse novo dispositivo constitucional seja condicionada apenas a efeitos *ex nunc*. Desse modo, somente a partir de 30 de dezembro de 2004 é possível falar em dois tipos de tratados: os constitucionais e os infraconstitucionais. Como se notará a seguir, essa distinção não é isenta de consequências para o ordenamento jurídico, uma vez que são produzidas condições de impactos importantes na hierarquia das normas e sua respectiva eficácia institucional.

d) Tratados assinados, mas não aprovados

A possibilidade de conferir *status* constitucional a alguns tratados enseja uma problemática: é possível a constituição de tratados assinados, mas que não são elevados pelo Congresso à categoria de norma constitucional. Ou seja, teremos em nosso ordenamento dois tipos de tratados: os assinados e aprovados, e os somente assinados. Ambos são tratados ratificados, porém os primeiros são dotados de eficácia constitucional por obedecerem ao procedimento legislativo qualificado, e os segundos, por sua vez, são dotados de eficácia infraconstitucional, por obedecerem ao procedimento legislativo ordinário.

Nessa seara, não se pode ignorar o seguinte fato: ao estabelecer que os tratados aprovados em cada Casa do Congresso Nacional, em dois turnos, por três quintos dos votos dos respectivos membros, serão equivalentes às emendas constitucionais, está o Poder Constituinte derivado afirmando que os tratados que não passarem por tal procedimento não terão vigência constitucional, e isso exige muita atenção e cautela do ponto de vista da coesão e unidade do ordenamento jurídico.

Será o Congresso, enquanto instância política de decisão a respeito da vigência das normas, que definirá o *status* constitucional de um tratado, configurando-se consequências de duas ordens:

– A situação em que o Constituinte derivado cria mecanismo que permite a revogação de dispositivos jurídicos criados pelo Constituinte originário (no momento de 1988). Na medida em que os tratados incorporados versam necessariamente sobre direitos humanos, no caso de conflitos de normas prevalecerá a posterior e, consequentemente, a que não foi feita pelo Constituinte originário (o tratado);

– É possível que se crie uma insegurança jurídica internacional, pois o *tratado constitucional* que dispõe sobre matéria diversa do *tratado infraconstitucional* o revoga. Nesse sentido, uma série de tratados infraconstitucionais poderia ser revogada por um único tratado constitucional, desvendando a fragilidade desse sistema adotado no § 3º do art. 5º.

É evidente que a credibilidade do Brasil perante os signatários de outros tratados poderia restar abalada por um motivo essencial: o tratado assinado é originariamente infraconstitucional e somente após a aprovação do Congresso tem dignidade constitucional. Portanto, os cossignatários do tratado só terão plena segurança de sua máxima eficácia no território brasileiro após a aprovação no Congresso mediante um procedimento legislativo qualificado, pois, caso não seja aprovado, poderá ser facilmente revogado por um *tratado constitucional* ou pela própria norma constitucional em sentido estrito, diante do seu *status* juridicamente infraconstitucional.

e) A empreitada jurisprudencial e doutrinária

Considerando a complexidade dessa temática, observa-se que tanto a jurisprudência quanto a doutrina terão uma tarefa importante nessa empreitada de consolidação de parâmetros normativos de definição da eficácia dos tratados. No eventual conflito entre tratados, será preciso analisar caso a caso qual deve prevalecer, recorrendo principalmente à ponderação e à razoabilidade. Na hipótese de conflitos entre tratados constitucionais e infraconstitucionais, o critério da anterioridade e da hierarquia são insuficientes. Na questão da anterioridade, é insuficiente porque um *tratado infraconstitucional* posterior a um *tratado constitucional* não pode revogá-lo. Na questão da hierarquia é insuficiente porque um *tratado constitucional* pode revogar uma norma ordinária nacional ou *um tratado infraconstitucional.*

Um problema mais amplo diz respeito à votação no Congresso de um tratado que dispõe de forma diversa ao *tratado constitucional* já devidamente aprovado. Como, então, resolver o conflito entre um *tratado constitucional* e um *tratado infraconstitucional* que foi assinado e está sendo votado no Congresso?

Logicamente, esse *tratado infraconstitucional* não goza de *status* constitucional, mas há a possibilidade efetiva de gozar. Sendo assim, ele deve ser revogado antes de ser observado o seu *status* definitivo? O simples fato de estar no ordenamento jurídico já lhe retira a possibilidade de ser aprovado no Congresso, posto que está em conflito com o *tratado constitucional*?

Entende-se, dessa forma, que é razoável o reconhecimento de uma "garantia" que assegure ao tratado, enquanto não for aprovado no Congresso, a sua eficácia infraconstitucional, mesmo que, *a priori*, esteja em discordância com o tratado constitucional. Deve-se, portanto, abrir a possibilidade desse novo tratado também receber o *status* de constitucional, de modo que possa entrar em conflito com outro *tratado constitucional*. Caso contrário, se não fosse aberta essa possibilidade, o *tratado constitucional* seria comparado a uma cláusula *pétrea*, já que todo e qualquer tratado que dispusesse o contrário não poderia se lhe opor constitucionalmente e, de antemão, não poderia viger no ordenamento jurídico.

f) A prerrogativa de conferir status

Diante do exposto, devemos refletir sobre o poder diferenciado do Congresso ao qualificar o *status* constitucional de um tratado e as implicações correlatas a tal possibilidade, inclusive no âmbito das instituições jurídicas.

O tratado consiste numa norma jurídica produzida mediante um ato de vontade estatal num contexto em que se presume a igualdade formal entre as partes; ato que consuma uma relação jurídica de direito internacional e que funda a obrigatoriedade da aplicação da norma internacional mediante os princípios do *pacta sunt servanda* e da boa-fé.

Portanto, a noção de *tratado* remete a um acordo político entre dois ou mais Estados no sentido de promover cooperações e alianças de naturezas diversas. Logo, passa pela discricionariedade do Chefe de Governo – no caso do Brasil é o Presidente – atendendo ao critério do interesse nacional. Interessante observar que discricionariedade não se confunde com arbitrariedade, sendo aquela uma manifestação de vontade devidamente justificada, ao passo que esta não necessita de motivos fundamentados.

Nesse sentido, o tratado é, em geral, formado pela manifestação de vontade dos poderes executivos de determinados países visando um objetivo comum por meio do firmamento de um compromisso formal, ao passo que o poder legislativo dos respectivos Estados, de outro lado, fica responsável pela sua ratificação. E o poder judiciário, por fim, realiza o juízo de constitucionalidade do tratado. No caso brasileiro, como se viu, o STF dotou os tratados de *status* infraconstitucional por meio de uma construção jurisprudencial consolidada desde a década de 1970.

Por essa razão, o novo dispositivo jurídico possibilita a conclusão da existência de uma faculdade – e não dever – do Congresso de proceder ou não a conferência do *status* constitucional a um tratado internacional, uma vez que é mediante o procedimento legislativo qualificado que tal *status* é conferido. Portanto, o Constituinte derivado consentiu a coexistência de tratados internacionais com valor de norma constitucional e outros sem esse valor. Frisa-se que, se há ambas as possibilidades, é porque o Congresso detém a faculdade de realizar essa hierarquização e, se existe essa faculdade, há igualmente discricionariedade no tocante à oportunidade e ao interesse público.

Nesse sentido, o tratado que é assinado pode tramitar por dois processos distintos e não vinculados entre si:

– A ratificação realizada pelo Poder Legislativo em virtude da assinatura de um tratado assinado pelo Poder Executivo;
– A aprovação realizada pelo Poder Legislativo do *status* constitucional ou infraconstitucional do tratado já ratificado.

QUESTÕES PARA REFLEXÃO

1. Qual a importância para o argumentador de ele conhecer as normas jurídicas?
2. Como a verdade é vista no campo do direito?

3. Explique a seguinte afirmação: "diante da derrocada da *verdade* no mundo contemporâneo, o *argumento* se apresenta como a principal forma de interação social nas diversas situações".
4. Diferencie a verdade real da verdade processual. Explique citando dois exemplos concretos.
5. Disserte sobre três fatores que podem influir na construção da verdade processual.
6. É possível sustentar que o conflito é inerente ao campo do direito? Explique de forma fundamentada citando dois exemplos concretos.
7. Quais são as principais estratégias de negociação no direito? Disserte sobre os seus pressupostos.
8. Cite e explique com exemplos duas estratégias de negociação no direito, evidenciando seus limites e desafios.
9. Qual é a importância da hermenêutica jurídica para a argumentação?
10. Explique a seguinte afirmação: "os elementos de interpretação devem ser considerados em conjunto, pois fazem parte de um todo: o método hermenêutico".
11. Quais são os principais elementos de interpretação do direito? Disserte sobre os seus pressupostos
12. Cite e explique com exemplos dois elementos de interpretação do direito, evidenciando seus limites e desafios.
13. O que significa dizer que o método hermenêutico possui um certo grau de falibilidade? Estabeleça e explique duas estratégias de resolução.
14. Em que sentido as regras e princípios podem auxiliar o argumentador?
15. Realize uma distinção entre as regras e princípios e busque aplicá-la a um determinado contexto argumentativo.
16. Como deve ser resolvida a colisão entre regras? E a colisão entre princípios?
17. Explique a seguinte afirmação: "o argumentador deve estar alerta a respeito dos limites e desafios de se privilegiar, em sua argumentação, a utilização de regras ou a utilização de princípios".
18. Quais os fatores históricos que contribuíram para a abertura da Constituição de 1988?
19. Disserte sobre duas características próprias da Constituição de 1988, citando exemplos.

20. Em que sentido o caráter compromissório da Constituição complexifica a atividade argumentativa?
21. Disserte de forma fundamentada sobre qual fora a sistemática clássica de incorporação de tratados no Brasil.
22. Quais transformações foram realizadas pela Emenda Constitucional nº 45/2004 sob o ponto de vista da incorporação de tratados?
23. Disserte sobre dois desafios presentes no cenário atual a respeito da hierarquia de tratados no Brasil.

INDICAÇÃO DE FILMES

1) ***A vinganca adormecida*** *(Sleepers)*
Ano: 1996
Duração: 147 minutos
Diretor: Barry Levinson
Descrição: O filme relata que quatro jovens (John, Tommy, Michael e Shakes), que moravam em um bairro pobre de Nova Iorque, causam a morte de um homem de forma fútil. Os quatro são condenados a um ano de prisão em um reformatório e, com o passar dos anos e após o cumprimento da pena, dois deles se tornam bandidos (John e Tommy) e assassinam um dos guardas que os maltrataram na cadeia. Outro dos garotos (Michael) torna-se o promotor do caso. Shakes, por sua vez, trabalha em um jornal e auxiliará na preparação da defesa. No final, John e Tommy são absolvidos e continuam bandidos. O filme demonstra justamente os desafios de construção de uma verdade processual que corresponda à verdade real.

2) ***Em minha terra*** *(In my country)*
Ano: 2005
Duração: 98 minutos
Diretor: John Boorman
Descrição: O filme é baseado no livro da escritora sul-africana Antjie Krog. Anne é uma moça tradicional descendente de holandeses na África do Sul, sendo designada para cobrir os trabalhos da Comissão de Verdade e Reconciliação, instituída após a queda do *apartheid* em 1994. Uma subcomissão percorre diversos lugares do país, colhendo

depoimentos sobre os crimes cometidos no regime segregacionista, sendo acompanhada por Anne. O filme permite discutir os limites de aplicação e interpretação das normas jurídicas.

3) ***Na captura dos Friedmans*** *(Capturing the Friedmans)*
Ano: 2003
Duração: 107 minutos
Diretor: Andrew Jarecki
Descrição: O filme consiste num documentário a respeito de um processo real, julgado em 1988, em uma comunidade situada no subúrbio de Nova Iorque. A polícia descobre que Arnold Friedman, classe média, recebe correspondência de um endereço na Holanda conhecido como produtor de material pornográfico, com imagens de crianças. Investigando a vida de Arnold, a polícia localiza e entrevista várias crianças. Isso permite ao filme reconstituir a própria vida de Arnold, que culmina com o seu suicídio na prisão.

4) ***Questão de honra*** *(A few good men)*
Ano: 1992
Duração: 123 minutos
Diretor: Rob Reiner
Descrição: O filme se passa na base militar norte-americana de Guantánamo, em que dois fuzileiros aplicam a um colega um castigo tão brutal que este acaba falecendo. É instalada uma corte marcial com dois advogados opostos, e que passam a desconfiar, em todo momento, um do outro. Aos poucos, os advogados vão colaborando e encontram a verdade, sendo os soldados absolvidos do crime de homicídio, mas condenados por conduta militar incompatível e expulsos da marinha. A decisão soa absurda porque os acusados agiram estritamente no cumprimento de ordens legítimas. O filme evidencia os desafios de aplicação de normas jurídicas, bem como os desafios presentes ao julgador na construção da verdade processual.

V

As Instituições Jurídicas

5.1. Questões gerais

O MUNDO DO DIREITO não se reduz às normas jurídicas. O direito não se esgota nas normas que compõem um ordenamento jurídico, pois engloba igualmente uma série de instituições jurídicas com lógicas, saberes e práticas distintas. O bom argumentador deve buscar compreender os pressupostos e a lógica interna de funcionamento e desenvolvimento de tais instituições, sob pena de promover alguns equívocos argumentativos evitáveis.

As instituições jurídicas desempenham um papel fundamental na aplicação e construção do mundo do direito. Apesar da argumentação jurídica se desenvolver numa pluralidade de centros interpretativos, são nas instituições jurídicas que os argumentos encontram um espaço institucional comum, em que tradicionalmente se desenvolvem embates argumentativos jurídicos com vistas à persuasão.

Aquele que se propõe a argumentar juridicamente no interior das instituições deve necessariamente buscar conhecer sua lógica de funcionamento, hierarquias, especificidades e formas de funcionamento. Isso permitirá ao argumentador eliminar problemas básicos de acesso às instituições, assim como ampliará a possibilidade de adesão dos membros das instituições aos seus argumentos.

5.2. A lógica das instituições jurídicas

a) Panorama das instituições

O ORDENAMENTO jurídico brasileiro estabeleceu diversos atores estatais e não estatais com possibilidade de atuar na efetivação dos direitos e na resolução de conflitos. Dentre os principais atores que atuam nessa concretização, recebe destaque o Poder Judiciário e, também, as instituições que compõem as denominadas *funções essenciais da justiça*, especialmente o Ministério Público e a Defensoria Pública.

No Poder Judiciário – que é a instituição estatal responsável pela atividade jurisdicional de resolução de conflitos – reina a máxima latina *nemo iudex sine actore*, ou seja, *não há juiz sem autor*. Essa máxima evidencia que o Judiciário somente pode agir para a concretização de direitos mediante provocação de quem se sentir lesado pela ação ou omissão de outrem, de modo a adotar uma postura estática enquanto não for chamado à resolução de um litígio. Como visto, o ordenamento jurídico brasileiro possui princípios que reforçam essa perspectiva e traduzem garantias para a inércia judicial, a exemplo do princípio do *juiz natural* e o princípio da *inércia da jurisdição* ou do *impulso oficial*.

O *princípio do juiz natural* – expressamente previsto no art. 5º, XXXVII e LIII da CRFB – tem como conteúdo não apenas a prévia definição do órgão investido de poder jurisdicional de decisão sobre a causa (vedação aos tribunais de exceção, por exemplo), mas também a própria garantia de justiça material, isto é, a independência e a imparcialidade dos juízes (impossibilidade de escolher o juiz ao qual será distribuída a ação, por exemplo). Por sua vez, o *princípio da inércia da jurisdição* – expressamente previsto no art. 2º do Código de Processo Civil – determina que o início do processo, em regra, seja somente por iniciativa das partes. Assim, faz-se necessária a petição inicial, que é o documento pelo qual o autor invoca a prestação jurisdicional e, a partir disso, o processo é regido por meio do *impulso oficial* provocado pelas partes no órgão jurisdicional. Ambos remetem à ideia de um poder estático que só age quando for chamado ao litígio por meio de provocação das partes.

É fundamental, então, uma discussão sobre o acesso ao Judiciário. Essa problemática, em linhas gerais, diz respeito aos limites e possibilidades de acesso dos cidadãos aos mecanismos estatais de resolução de conflitos, principalmente o Judiciário, ensejando uma reflexão crítica sobre esse Poder e suas formas de organização e funcionamento. Uma das principais indagações que têm sido realizadas consiste na seguinte: diante da presença de obstáculos econômicos, sociais e culturais e de um

Judiciário incapaz de absorver determinados conflitos sociais referentes aos diversos direitos, como pensar em estratégias de efetivação de direitos que deem conta da permanente judicialização dos conflitos? Mais precisamente, diante de uma *explosão de litigiosidade*, principalmente da década de 1990 do século XX em diante, como pensar o papel do Judiciário que, cada vez mais, conforme sustenta Antoine Garapon, tem se configurado como um *muro das lamentações* de cidadãos em busca de seus direitos?

Algumas pesquisas, dentre as quais se destaca a coordenada por Maria Tereza Sadek, têm demonstrado que a crítica ao Judiciário tem se baseado em três aspectos, quais sejam:

a) a percepção de que a justiça teria se transformado em questão crítica e problemática por amplos setores da população, da classe política e dos operadores do Direito;
b) a considerável diminuição no grau de tolerância da sociedade civil em relação à baixa eficiência do sistema judicial;
c) o aumento da corrosão no prestígio e confiabilidade do Judiciário.

Com isso, apresentam-se questões relevantes para a identificação de sucessos e falhas na implementação e efetivação de direitos. Outros espaços têm sido adotados como esferas de resolução de conflitos que visam, em maior ou menor grau, se afastar da estrutura de funcionamento similar à do Judiciário. Tais espaços têm estabelecido estratégias de mediação, pactuação e negociação fundamentalmente céleres, pois visam, em certa medida, atuar na efetivação de direitos existentes e na construção de novos direitos. No âmbito dessas novas esferas estatais, o Ministério Público e a Defensoria Pública desempenham papel fundamental, pois promovem uma reflexão que situa os direitos como práticas concretas que atendam a critérios substanciais de justiça e cidadania.

b) A judicialização da política e das relações sociais

Uma das principais reflexões atualmente, diante desse protagonismo do Judiciário, tem se debruçado sobre os próprios pressupostos, ações e estratégias desenvolvidos no interior das instituições que o mundo do direito cria para lidar com os conflitos sociais. Tribunais, promotorias, defensorias e outros órgãos têm sido frequentemente objeto de estudo pelos cientistas sociais e juristas, alguns dos quais se dedicam à pesquisa e reflexão do que se denominou de *judicialização da política* e das *relações sociais*.

A expressão *judicialização da política* recebeu atenção não só no Brasil, mas também em todo o mundo. Apesar de se consolidar como perspectiva teórica e analítica principalmente a partir da década de 1990 no Brasil, os estudos de judicialização da política revelam que não se trata de um tema tão recente no mundo. Principalmente em países de tradição *common law*, em que o Judiciário possui um alto grau de possibilidade de influenciar na efetivação de direitos e implementação de políticas públicas, os estudos sistemáticos sobre a judicialização remontam ao início do século XX. No Brasil, tais estudos receberam ampla difusão a partir das pesquisas de Luiz Werneck Vianna, que buscou, por meio de uma análise empírica, pensar as implicações desse processo no cenário de efetivação de direitos e implementação de políticas públicas.

Apesar de se tratar de uma expressão que denota a ideia de interpenetração entre política e justiça, a perspectiva da *judicialização da política* não é homogênea. De fato, não há um consenso entre os autores em relação:

a) aos métodos e técnicas de investigação da interpenetração entre política e justiça;
b) aos pressupostos analíticos e categoriais de pesquisa e investigação empírica;
c) aos referenciais teóricos de coleta e análise dos dados;
d) ao grau e escala de investigação.

A despeito das variações de perspectivas e pressupostos metodológicos de investigação do fenômeno da judicialização, é possível delinear alguns atributos que permeiam, em alguma medida, as diversas perspectivas sobre o tema. Em linhas gerais, parafraseando Werneck Vianna, o fenômeno traduz a assertiva de uma *invasão do Direito sobre o social*, ou seja, o surgimento do protagonismo do Judiciário na resolução de conflitos e efetivação de direitos, principalmente de cunho social e coletivo. Uma vez que se encontra sem o referencial explícito das instituições políticas tradicionais – tais como os partidos políticos –, o cidadão se voltaria ao Judiciário como estratégia de mobilização de recursos e argumentos para a defesa e conquista de direitos.

Um sentido bastante simples da ideia de judicialização da política diz respeito ao papel que o Judiciário passou a desempenhar nas sociedades contemporâneas como agente ativo na implementação de políticas públicas e efetivação de direitos. Historicamente, o Judiciário foi tradicionalmente associado a um poder inerte, que se conteria a apenas reproduzir o conteúdo previsto na lei. Emblemática, aqui, é a ideia de Montesquieu de que o Judiciário seria apenas a "boca da lei", ou seja, sua função seria a de mero tradutor do texto jurídico, afastando qualquer tipo de subjetividade ou papel pró-ativo na realização do direito. Nessa perspectiva, a discussão sobre a legitimidade do direito enseja seu reconhecimento enquanto norma jurídica exterior aos indivíduos, mas que se encontra, em certa medida, obrigatória e construída *a priori* por eles como *leis entre partes*. Sendo uma lei entre partes previamente constituída, caberia ao Judiciário apenas expressar essa lei, sem qualquer prerrogativa de mudança do seu conteúdo ou ampliação da sua titularidade a outros indivíduos.

Essa visão de um Judiciário *passivo* e *mudo* foi objeto de críticas teóricas e empíricas, que foram recebendo ampla adesão ao longo do século XX. No cenário contemporâneo, o que se observa é uma transformação efetiva na atuação do Judiciário, sobretudo a partir da mútua influência entre direito e política, que foi possível em razão de uma série de fatores. Principalmente pelos mecanismos de controle de constitucionalidade de leis, o Judiciário passou a fazer parte da formulação das mesmas juntamente ao Legislativo e, com a ampliação dos instrumentos processuais – tais como a ação civil pública, a ação popular e a ação de improbidade –, passou a exercer controle direto nas ações do Executivo e exercer papel proeminente na efetivação de direitos. Com isso, a política passou a fazer parte decisivamente do mundo do direito, o que ensejou transformações consideráveis nos sentidos, ações, competências e atribuições das instituições jurídicas.

Não obstante, a relevância institucional do Judiciário no Brasil não se reduz ao âmbito da política. Num contexto *welfareano* em que há uma pluralidade de normas de eficácia plena e programática que visam, em algum grau, impor um dever de agir ao Executivo, o Judiciário tem sido cada vez mais acionado para resolver conflitos, efetivar direitos e implementar políticas públicas. A ideia de neutralidade – associada à timidez institucional que o Judiciário expressava nos contextos anteriores – passou a ser questionada em prol de uma atuação pró-ativa. O resultado desse processo se expressa na ampliação da criatividade do magistrado e dos poderes institucionais que lhes foram atribuídos no momento da interpretação e aplicação da lei.

Nesse contexto, em que a sociedade civil desempenha papel cada vez mais fundamental na mobilização dessas instituições, tem ocorrido a *judicialização das relações sociais*. Os autores denominam como *judicialização* o termo que define o movimento de discussão, no campo do direito e sob a égide do Judiciário, dos conflitos político-sociais. Parte-se do princípio de que o Judiciário, caso seja provocado de forma adequada, pode ser um instrumento de formação de políticas públicas, o que confere a essa instituição centralidade no âmbito da garantia de direitos. Tal perspectiva exprime que não somente os atores privilegiados utilizam a via judicial para resolver *conflitos políticos*, tais como partidos políticos, chefes do Executivo etc. Judicializar relações sociais envolve um processo muito mais amplo, que alça o Judiciário a referencial de resolução de *conflitos sociais*.

Mas, de fato, a que alguns estudiosos da judicialização atribuem essa transformação do Judiciário no mundo contemporâneo? Quais são os fatores associados à judicialização da vida atualmente e quais os limites e desafios que se apresentam diante desse processo, principalmente na saúde? Neal Tate e Tobjorn Vallinder dedicam especial atenção ao tema. O fenômeno da judicialização da política, na visão dos autores, pressuporia a presença de algumas condições, quais sejam:

a) a existência de um ambiente fortemente democrático e, como desdobramento deste;
b) a separação dos Poderes estatais;
c) a política de direitos dos cidadãos;
d) o uso das cortes pelos grupos de interesses;
e) o uso das cortes pelas oposições;
f) as instituições majoritárias não efetivas;
g) a legitimação do Judiciário como uma instituição *policy-maker*;

h) a delegação (consciente ou não) das instituições majoritárias ao Judiciário.

Nesse sentido, a condição *sine qua non* para a formação e intensificação da judicialização da política e das relações sociais seria a presença de um ambiente democrático em que as instituições do Estado Democrático de Direito, apesar de separadas e mantidas em sua autonomia administrativa, funcional e política, criam seus próprios mecanismos de interpenetração e controle mútuos.

Diante dessas condições, John Ferejohn busca refletir sobre os elementos sociopolíticos que explicam, em amplo grau, a proeminência do Judiciário nesse contexto. Na análise do autor:

a) o Judiciário se tem visto cada vez mais apto a limitar e regular o exercício do Legislativo, principalmente ao impor limites importantes ao poder das instituições parlamentares;
b) cada vez mais o Judiciário tem sido o lugar de onde surgem decisões e políticas significativas na efetivação de direitos e implementação de políticas públicas;
c) os juízes têm se apresentado mais dispostos a regular a conduta da atividade política.

Num cenário em que se observa a limitação ao poder de legislar em virtude de sua fragmentação em diversas instituições, o que se verifica no contexto de judicialização é a discussão da política sob o prisma do direito ou, mais propriamente, a transformação das questões políticas em questões jurídicas, a tensão entre a Constituição material e a Constituição formal.

Cássio Casagrande também produziu uma relevante sistematização da temática da judicialização. Partindo da ideia de que, no Brasil, ocorreu uma transição do que se chama *debilidade do judiciarismo* – situação na qual o Judiciário, historicamente, permaneceu em alguma medida submetido política ou administrativamente aos outros poderes –, Casagrande sustenta que o cenário atual é de *judicialização da política*. Com isso, o autor salienta que esse fenômeno pode ser lido a partir de dois pontos de vista: da teoria do direito e da ciência política.

Sob o primeiro ponto de vista da teoria do direito, isso reflete a necessidade de criação do direito, que deriva de duas circunstâncias: de um lado, da própria impossibilidade dos ordenamentos jurídicos regularem e normatizarem todas as condutas e, de outro, da própria mutabilidade das ações e condutas da vida social, sob o argumento de que *a sociedade muda mais rapidamente e frequentemente que a lei*. Sob o ponto de vista da ciência política, observa-se uma mitigação da ideia de que somente o parlamento pode legislar a partir da constituição de mecanismos de *desbalanceamento* e *reequilíbrio* entre os poderes.

Com isso, a perspectiva que enfatiza o movimento de judicialização, seja da política, seja das relações sociais, evidencia que o Judiciário passa a ocupar centralidade no processo de resolução de conflitos políticos e sociais. Como desdobramento, o papel de outras instituições, tais como o Ministério Público, se apresenta como um agente proponente de ações judiciais a um magistrado, que possui a competência jurisdicional para resolver o litígio. Porém, há outras formas de atuação das instituições jurídicas que não remetem necessariamente ao fenômeno da judicialização, mas que ainda assim realizam uma discussão jurídica sobre os conflitos e as relações sociais. Reside, aqui, uma outra forma de pensar as instituições jurídicas que busca extrapolar o raciocínio centrado no juiz para efetivação de direitos e implementação de políticas públicas, de modo a pensar em outras práticas desenvolvidas pelas instituições jurídicas.

5.3. Ministério Público e Defensoria Pública

a) Panorama das funções essenciais da justiça

Como visto, o Judiciário possui princípios que exigem a sua atuação somente quando provocado pelas partes. Com isso, foram construídas instituições dinâmicas para a garantia de direitos que não se submetem a uma perspectiva estática ou condicionada à provocação, na medida em que podem agir de maneira espontânea. Tais instituições compõem as chamadas *funções essenciais da justiça*, que consistem naquelas sem as quais o Poder Judiciário não pode funcionar, em virtude de sua atuação juridicamente estática. Essas funções, tais como a Advocacia Pública, o Ministério Público e a Defensoria Pública, encontram-se descritas nos arts. 127 a 135 da Constituição de 1988.

Tais instituições são fundamentais para a consolidação dos direitos no Brasil. Em virtude de sua lógica própria de funcionamento e atribuições, as demais instituições jurídicas surgem no Brasil como verdadeiros caminhos de efetivação de direitos e resolução de conflitos. No caso, recebem destaque especial o Ministério Público e a Defensoria Pública, que são instituições dinâmicas de garantia e efetivação de direitos, haja vista não precisarem ser provocados para atuar em prol de sua concretização.

b) Ministério Público

Principalmente em relação aos direitos prestacionais, isto é, direitos que exigem a atuação do Estado para serem concretizados por meio de políticas públicas, a possibilidade de agir independentemente de provocação possibilitou ao MP ocupar um espaço singular no plano da efetivação de direitos. No caso da saúde, a título de exemplo, a falta de medicamentos nos postos, a insuficiência de leitos nos hospitais, os custos dos tratamentos de alta complexidade e as deficiências nas políticas públicas constituem desafios e problemas sensíveis. Tais problemas, em virtude de sua forte associação ao direito à vida, primam por soluções céleres, o que amplia a relevância da atuação do Ministério Público nessa seara.

No Brasil, o MP recebeu um perfil distinto não só em relação ao regime constitucional anterior, mas também em relação a qualquer configuração constitucional já existente. O novo arranjo criado em 1988 permitiu uma nova configuração das instituições jurídicas e das competências e atribuições que lhes seriam inerentes para a efetivação de direitos. Nesse contexto, o MP passou a exercer papel central na defesa da sociedade, sobretudo no que concerne aos direitos sociais. Inserido numa lógica de defesa da sociedade, o MP surge como um ator privilegiado no processo de consolidação da democracia no Brasil.

Diante dessas transformações, o papel que foi atribuído ao MP também passou a se diferenciar da atuação do Judiciário, na medida em que o Ministério Público tem o objetivo de ativar o Judiciário em questões em que este remanesceria inerte porque o interesse afetado não diz respeito a pessoas determinadas, mas a toda coletividade. Entretanto, a diferenciação de funções não ensejou uma diferenciação das garantias jurídicas que foram atribuídas a ambos. A despeito de serem instituições com estratégias e possibilidades de ação distintas, os seus membros possuem as mesmas garantias institucionais que possibilitam uma atuação mais independente de ambos na efetivação de direitos.

De fato, não são triviais as garantias processuais e materiais que se consolidaram com a Constituição no que concerne ao exercício das funções do membro do Judiciário e do MP, a exemplo das seguintes:

a) a impossibilidade de serem removidos da comarca ou órgão no qual atuam;
b) a impossibilidade de terem seus subsídios reduzidos administrativamente ou legalmente;
c) a independência funcional para decidirem de acordo com seu livre convencimento (no caso dos juízes) ou de acordo com o interesse público do fato social (no caso dos promotores).

A Constituição de 1988 se dedica especificamente ao MP entre os arts. 127 e 130, estabelecendo uma série de diretrizes e normas gerais de funcionamento e atuação dessa instituição no âmbito dos direitos sociais e coletivos, além de também tratar de sua atuação na seara penal. De acordo com a Constituição, o Ministério Público é uma instituição permanente, que se caracteriza por ser essencial à função jurisdicional do Estado. A Carta ainda prevê a incumbência do MP na defesa da ordem jurídica, do regime democrático, dos interesses individuais indisponíveis e dos interesses coletivos e difusos. Da mesma forma, a Lei nº 8.625/1993 – denominada *Lei Orgânica Nacional do Ministério Público* – também estabelece, em seus oitenta e quatro artigos, as garantias, deveres e responsabilidades dos membros dessa instituição em suas ações cotidianas no processo de efetivação de direitos e implementação de políticas públicas no Brasil.

Com isso, para o exercício de suas atribuições, o MP – denominado em outros países como *Parquet* – é uma instituição autônoma e, consequentemente, não se encontra submetido a nenhum dos três Poderes que compõem tradicionalmente o Estado. Alguns autores, inclusive, chegam a cogitar a possibilidade de associar o MP à ideia de um *quarto poder*, ao passo que outros autores o associam à ideia de um *contrapoder*. Seguramente, trata-se de uma das legislações institucionais mais inovadoras do mundo, porque situou o *Parquet* fora da subordinação ou direção de quaisquer dos Poderes, mantendo, porém, uma similitude com o Poder Judiciário, pois estabeleceu princípios e garantias comuns àquelas aplicáveis ao referido Poder e aos seus juízes.

Como dito, esse arranjo institucional diferencia o MP brasileiro de qualquer congênere estrangeiro, que ora o situam dentro do Poder Judiciário, ora dentro do Poder Executivo e, consequentemente, sem a autonomia e independência que lhe foi determinada constitucionalmente. O ordenamento jurídico brasileiro tratou das seguintes garantias específicas do MP:

a) autonomia que lhe permita, em sua plenitude, o livre exercício de sua missão de promover e fiscalizar o respeito, pelos poderes públicos e pelos jurisdicionados, da Constituição e das leis;
b) instrumentos jurídicos nas áreas judicial e extrajudicial;
c) meios funcionais e materiais para a efetivação de direitos, que variam desde o aporte de recursos para diligências até os instrumentos jurídicos de efetivação;
d) posição orçamentária definida que seja capaz de produzir as condições necessárias ao desempenho de suas atribuições;
e) garantia de estabilidade e de inamovibilidade em termos de lotação e exercício;
f) competência exclusiva para iniciativa de leis que digam respeito à organização e disciplina da instituição.

Mas, em termos gerais, por que o MP desempenha papel tão relevante no cenário da efetivação de direitos? Em termos específicos, qual é a sua relevância institucional num contexto de crescente judicialização da política?

Nesse contexto de judicialização, o MP constitui um alicerce e referencial para a garantia de direitos. Surgem, então, questões sobre os motivos pelos quais o MP se constitui dessa forma. Ou, mais precisamente, que arranjo institucional permite ao *Parquet* ocupar esse papel tão vital na defesa de direitos supraindividuais?

Como visto anteriormente, o MP é uma instituição autônoma e, portanto, não se encontra vinculado aos mecanismos clássicos de poder estatais, o que possibilita uma atuação mais independente e efetiva em prol da efetivação de direitos. Além disso, os membros do MP possuem formação jurídica e ocupam esse cargo em virtude de seleção por concurso público de provas e títulos. Portanto, o MP é uma instituição em que os membros não são eleitos, cuja legitimidade advém de um procedimento racional-legal de seleção, com base em critérios, diretrizes e normas que buscam conferir respaldo jurídico à sua atuação.

De fato, o que se observa é um órgão independente, emancipatório e autônomo, cuja legitimidade advém da Constituição por procedimento de seleção meritocrático dos concursados. De certo, essa legitimidade formal constitui apenas uma faceta que possibilita a ação do MP, o que abre caminho para uma legitimidade material, concreta, que se ampara no seu atributo de instituição dinâmica de garantia e efetivação de direitos, principalmente de cunho social.

Principalmente no período pós-constituinte brasileiro, o MP tem se configurado como um eficaz articulador na resolução de conflitos e definição de políticas públicas, buscando conjugar os direitos constitucionalmente garantidos às práticas sociais. Essa instituição jurídica tem se mostrado fundamental para superar o hiato existente entre direitos existentes e a realidade desigual ou, mais propriamente, entre o *mundo do direito* e o *mundo dos fatos*.

c) Defensoria Pública

A Defensoria Pública consiste num serviço de assistência judiciária que visa possibilitar o acesso de hipossuficientes (pessoas menos favorecidas financeiramente) aos seus direitos. Presta, assim, serviços de assistência jurídica integral e gratuita aos que comprovem insuficiência de recursos. Logo, as demandas da Defensoria Pública são de caráter individual, ao passo que as demandas do Ministério Público dizem respeito a um grupo determinado ou indeterminado de pessoas, recebendo caracteres coletivos.

O acesso à justiça é um direito de todos os cidadãos. Todos possuem direitos fundamentais assegurados pela Constituição, além de outros inúmeros direitos, os quais constam em leis infraconstitucionais. No entanto, o acesso à efetivação desses direitos nem sempre foi um caminho fácil no Brasil, tendo em vista que muitos cidadãos encontram dificuldade de acessar tais instituições, seja pelo seu "congestionamento" institucional, seja pela ausência de instituições de defesa de hipossuficientes em sua localidade, tais como as Defensorias Públicas.

Anteriormente à Constituição, a assistência judiciária de caráter público existia em apenas poucos estados do Brasil. Tal assistência consistia em um meio através do qual se prestava serviços àqueles que não tinham condições tanto para contratar advogados como para arcarem com as custas judiciais de um processo. Todavia, tal assistência não era prevista na Constituição, e seu serviço abrangia somente a representação em tribunais, o que revela uma situação bastante restrita.

As assistências judiciárias pretéritas são diferentes das assistências jurídicas de hoje, pois aquelas se limitavam apenas à mera representação do hipossuficiente frente a um tribunal. A assistência instituída com a Constituição de 1988 incrementa ainda mais o seu campo de atuação, uma vez que não é mais pertinente falar somente em "representação", mas também em prévia orientação e acompanhamento integral do processo, desde o início até o seu término – ou, até mesmo, em uma fase pré-processual, em que o Defensor Público pode estabelecer estratégias para que o indivíduo não tenha que adotar a via judicial.

A questão que está por trás da necessidade de instituir as Defensorias Públicas é que o serviço advocatício particular no Brasil não é para todos, seja em razão do custo alto de contratar advogados, ou mesmo pelas custas processuais. Tais custos podem ser tão altos que não raro ultrapassam a renda mensal de muitos indivíduos. Tendo em vista que a sociedade brasileira ainda é, em grande parte, formada por classes sociais de poucos recursos, é quase impossível garantir-lhes o poder de reivindicar seus direitos, senão tornando esse acesso direito fundamental e formulando soluções institucionais para garanti-lo.

O acesso a essa assistência jurídica gratuita constitui um meio de garantir a igualdade formal e material entre os cidadãos, uma vez que permite que aqueles que não possuem recursos para contratar advogado ou pagarem as custas processuais possam ter a mesma possibilidade de efetivação de direitos que aqueles que possuem recursos para ingressarem na justiça pagando um advogado e as custas processuais. Trata-se, aliás, de um direito previsto no art. 5º, LXXIV da Constituição.

Com a consolidação do direito de assistência jurídica aos cidadãos hipossuficientes, surgiu a necessidade de criar uma instituição que pudesse garantir àqueles que comprovarem a insuficiência de recursos o exercício dos seus direitos. Assim, o art. 134 dispôs que a Defensoria Pública é uma instituição essencial à função jurisdicional do Estado, incumbindo-lhe a orientação jurídica e a defesa, em todos os graus, dos necessitados.

A regulamentação desse artigo veio posteriormente com a publicação da Lei Complementar nº 80/1994 – conhecida como *Lei Orgânica da Defensoria Pública* –, que formula as diretrizes referentes à organização e atuação da Defensoria Pública da União, dos Estados e do Distrito Federal. Essa lei também serviu de referência para a organização das Defensorias dos estados.

Logicamente, tal institucionalização não está isenta de desafios e limitações, sobretudo de ordem financeira e operacional, o que enseja discussões a respeito das possibilidades de atuação das Defensorias. A Defensoria Pública no Brasil surge em um contexto de forte desigualdade, com o objetivo claro de atuar na redução dessas disparidades, sobretudo econômicas. Na realidade brasileira, a institucionalização da Defensoria Pública se mostra como uma das formas de ampliar decisivamente as possibilidades de acesso à justiça. A garantia de acesso do hipossuficiente ao sistema judiciário, juntamente com as reformas sociais e políticas graduais visando diminuir a complexidade do sistema judicial, são formas de buscar a efetividade do direito humano essencial à justiça.

Uma avaliação das Constituições brasileiras faz perceber a evolução da assistência aos necessitados, que é fortemente marcada por avanços e retrocessos. A Constituição Federal de 1988 inaugurou uma nova perspectiva para os direitos fundamentais ao consagrar princípios – tais como a cidadania e a dignidade da pessoa humana – que servem como norte para a atividade do Estado. Diferentemente dos períodos anteriores, em que se falava em assistência judiciária, a qual compreende somente a gratuidade no âmbito das ações judiciais, a partir de 1988 o Estado passou a prestar assistência jurídica integral aos necessitados. Isso significa que não apenas a gratuidade nas custas é direito dos hipossuficientes, mas também a assistência de patronos em todas as questões jurídicas que requeiram a orientação técnica que se fizer necessária, de forma gratuita.

Há, portanto, a institucionalização da Defensoria Pública para a efetividade desse direito fundamental de acesso à justiça em 1988. Aliás, a Defensoria recebeu *status* constitucional, sendo consagrada como uma função essencial à justiça. A Constituição de 1988 posicionou a Defensoria Pública no mesmo patamar do Ministério Público e da Advocacia Pública. Essa providência permitiu que a Defensoria Pública fosse incluída no capítulo relativo à prestação jurisdicional nas constituições estaduais.

O serviço de assistência judiciária aos necessitados é um dos meios possíveis para a ampliação do significado do acesso à Justiça no Brasil. De fato, a estruturação das Defensorias Públicas ainda é recente e enfrenta dificuldades nos diferentes estados brasileiros. Porém, a Defensoria Pública como instrumento essencial à função jurisdicional a partir da Constituição de 1988 foi um passo importante para a democratização do país, e tem se desenvolvido em muitas localidades de forma bem-sucedida

Atualmente, o Brasil, apesar de ainda enfrentar enormes dificuldades para garantir de forma efetiva a assistência jurídica aos necessitados, se destaca no panorama mundial como um dos poucos países que reconhece a relevância das funções a serem prestadas pela Defensoria Pública, pois incluiu o tema no texto constitucional e demonstrou um elevado grau de maturidade democrática. A Defensoria Pública funciona como a porta de entrada do hipossuficiente em um mundo antes desfrutado, apenas, pelos mais privilegiados, um mundo em que estão à disposição de todos os cidadãos, independentemente de sua condição econômica, os mesmos direitos e as mesmas garantias previstas no texto constitucional e na legislação vigente. Além disso, sua tarefa de prestar assistência jurídica integral ao necessitado também é de suma importância para atingir os objetivos do mencionado inciso III do art. 3º da CRFB.

Apesar da unidade e indivisibilidade da instituição, a Defensoria Pública se organiza em três ramos: Defensoria Pública da União, Defensoria Pública do Distrito Federal e dos Territórios e Defensoria Pública dos Estados. Mais recentemente, a Defensoria Pública passou a ostentar autonomia funcional e administrativa, além de ser de sua iniciativa a proposta orçamentária da instituição, por meio da Emenda

Constitucional nº 45/2004, que acrescentou o § 2º ao art. 134 da CRFB. Antes da Emenda, as autonomias funcional e administrativa eram previstas pela legislação infraconstitucional, o que na prática minava a real autonomia da instituição, ao passo que a autonomia financeira sequer existia.

d) A juridicização da política e das relações sociais

As pesquisas que vêm sendo desenvolvidas no Brasil sobre a temática da judicialização buscam, em larga medida, compreender o novo papel desempenhado pelo Judiciário no contexto contemporâneo. Buscam, ainda, refletir sobre os desafios e estratégias que se apresentam a esse Poder para a efetivação de direitos e implementação de políticas públicas. Além disso, tais pesquisas têm se debruçado sobre o perfil dos atores que apresentam ao Judiciário as suas demandas, constituindo um cenário complexo que conta com a participação de partidos políticos, entidades associativas e, principalmente, outras instituições jurídicas. Dentre tais instituições, como previamente analisado, coube ao Ministério Público e à Defensoria Pública exercer um papel fundamental na efetivação dos direitos.

Mas quais seriam os limites desse tipo de concepção, que adota o juiz como centro organizador dos direitos e elemento essencial de sua aplicação? É possível estabelecer pelo menos três limitações que dizem respeito aos estudos de judicialização:

a) o modelo adversarial da dinâmica judicial, associado ao princípio da inércia da jurisdição;
b) a ênfase no momento da aplicação do direito posto, deixando em segundo plano a construção e reconhecimento de novos direitos pelo juiz e também a construção de direitos não postos e vigentes no âmbito societário;
c) a subvalorização metodológica e teórica em relação às demais instituições jurídicas e sociais, tais como Ministério Público, Defensoria Pública e Conselhos participativos.

No que concerne ao primeiro limite, o Judiciário tradicionalmente se constituiu a partir de um modelo adversarial, que pressupõe, em seu desenvolvimento, o princípio da inércia da jurisdição. A lógica jurídica pressupõe o modelo liberal clássico, em que o juiz é o centro ao redor do qual gravitam as duas partes. Observam-se limites em relação a esse modelo adversarial. Primeiramente, esse modelo parte do princípio de que as partes são antagonistas e, portanto, deve haver um órgão decisório com a possibilidade de definir qual delas será bem-sucedida e qual sucumbirá. Em segundo lugar, esse modelo confere pouco destaque à formação de consenso, apesar de algumas estratégias de conciliação, tendo em vista a própria necessidade jurídica de definir um "vencedor". Em terceiro lugar, esse modelo estático retira do Judiciário a possibilidade de agir voluntariamente na efetivação de direitos explicitamente desrespeitados, a não ser quando ativado pelas partes. Os problemas sociais, apesar de jurídicos, podem não ser levados ao Judiciário por uma série de razões culturais, econômicas e institucionais. Por fim, essa estática abre a possibilidade de pensar em instituições dinâmicas que não se encontram submetidas à inércia, sobretudo o Ministério Público e a Defensoria Pública, pois podem agir independentemente de provocação.

No que concerne ao segundo limite, os estudos de judicialização demonstram fortemente uma preocupação com o momento da aplicação do direito posto, deixando em segundo plano a construção e reconhecimento de novos direitos pelo juiz e também a construção de direitos não postos, mas vigentes, no âmbito societário. Trata-se, então, de uma sobrevalorização da decisão judicial, em detrimento de outros processos, como o de formação de consenso e o estabelecimento de estratégias extrajudiciais. Numa chave pluralista, observa-se a emergência de outros centros produtores de direito legítimo na sociedade moderna que não se confundem com o Estado, revelando a complexidade das relações sociais. Em outros casos, observa-se a construção de novas interpretações sobre o direito vigente, que não necessariamente remetem à interpretação oficial (e judicial). De fato, as questões jurídicas não são questões descoladas da sociedade e, portanto, encontram-se amplamente relacionadas ao contexto social. Nesse sentido, o Estado seria apenas mais um centro de produção de direitos e seus sentidos, existindo esferas não estatais que produzem outras concepções de direitos e conteúdos para a sua efetivação. O momento da aplicação do direito pelo juiz, portanto, é apenas um dos múltiplos processos existentes de efetivação do direito posto e de construção de novas concepções e direitos. Subvalorizar ou negligenciar tal multiplicidade de processos implica inequivocamente num reducionismo analítico.

No que concerne ao terceiro limite, a crítica se apresenta muito mais no plano da teoria e da metodologia. As pesquisas jurídicas, sobretudo no Brasil, têm realizado uma subvalorização em relação às demais instituições jurídicas e sociais, tais como Ministério Público, Defensoria Pública e Conselhos participativos. Essa problemática se revela tanto teoricamente quanto metodologicamente. Não é raro observar pesquisas sobre concepções de tribunais acerca de determinada matéria, ou então pesquisas que adotam contraposições de entendimentos entre tribunais. Além disso, as pesquisas que buscam refletir sobre as demais instituições jurídicas, em geral, as assumem como proponentes de ações judiciais, tais como as pesquisas sobre o número de ações civis públicas propostas pelo Ministério Público ou o número de atendimentos judiciais realizados pelas Defensorias Públicas. Tais pesquisas adotam o Judiciário como central no processo de resolução de conflitos políticos e sociais. Como desdobramento, o papel de outras instituições se reduz à mera proposição de ações judiciais a um magistrado, que possui a competência jurisdicional para resolver o litígio.

Porém, existem outras formas de atuação das instituições jurídicas que não remetem necessariamente a um processo de judicialização, mas que ainda assim realizam uma discussão jurídica sobre os conflitos e as relações sociais, o que revela um movimento de *juridicização da política e das relações sociais*. Reside, aqui, uma outra forma de pensar as instituições jurídicas que busca extrapolar o raciocínio centrado no juiz para efetivação de direitos e implementação de políticas públicas, de modo a pensar em outras práticas desenvolvidas pelas instituições jurídicas.

Considerando que a estratégia privilegiada de algumas instituições pode ser o diálogo num processo contínuo de concessões recíprocas, podemos observar que as relações sociais podem sofrer muito mais uma *juridicização* (conflitos que não são levados ao Judiciário, mas são discutidos sob o ponto de vista jurídico, principalmente em momentos não processuais) do que uma *judicialização* (conflitos que são levados ao Judiciário na forma de ação judicial ou algum outro instrumento processual). Na medida em que há diversas instituições jurídicas (Ministério

Público, Defensoria Pública etc.) que não se utilizam necessariamente do Judiciário para realizar suas ações, observa-se um contexto em que os conflitos são discutidos sob o prisma do direito, mas evita-se levar o conflito ao Judiciário – isto é, evita-se a *judicialização* do conflito.

Logicamente, existem também fatores internos ao Judiciário que podem influir nessa valorização da extrajudicialidade. Dentre alguns, podemos destacar os seguintes:

a) no caso de direitos coletivos, haveria juízes com receio de julgar ações com grande repercussão econômica;
b) haveria tribunais relutantes em julgar ações coletivas de forma não conservadora;
c) haveria pouca sensibilidade à especificidade dos direitos sociais, tais como o direito à saúde e educação;
d) haveria problemas estruturais e culturais no que concerne ao acesso ao judiciário;
e) haveria problemas de morosidade e de transferência da decisão ao órgão judicial etc.

Desse modo, observa-se um cenário em que o Judiciário possui desafios para lidar com tais demandas, principalmente no caso de direitos sociais e coletivos, que exigem conhecimentos técnicos, organizacionais e estruturais de uma série de questões específicas. Assim, outros espaços têm sido adotados no Brasil como esferas de composição de conflitos que visam, em maior ou menor grau, se afastar de uma estrutura de funcionamento similar à do Judiciário. Tais espaços têm adotado, por vezes, estratégias de mediação, pactuação e negociação fundamentalmente céleres que visam, em certa medida, atuar na efetivação de direitos existentes e na construção de novos direitos.

A título de exemplo, vejamos como é possível pensar a estratégia das instituições jurídicas na perspectiva da juridicização. Para tal, serão utilizados os resultados de uma pesquisa que realizei no município de Porto Alegre entre os anos de 2000 e 2005, que teve como objetivo pesquisar a atuação do Ministério Público (MP) na efetivação do direito à saúde. Durante a análise, observou-se que o Ministério Público tem utilizado dois instrumentos formais não excludentes para a efetivação dos direitos: a Ação Civil Pública (ACP) e o Termo de Ajustamento de Conduta (TAC).

A ACP é uma ação judicial que o MP pode propor ao Judiciário para a garantia de um direito que se encontra violado, e consiste num dos mais importantes instrumentos processuais de judicialização da política no Brasil. A relevância que a ACP adquiriu no ordenamento jurídico brasileiro se deve a algumas razões, tais como:

a) seu extenso rol de legitimados (MP, Defensoria Pública, Administração Pública direta e indireta e associações) para propor a ação no Judiciário;
b) a relevância na tutela de direitos difusos e coletivos (saúde, meio ambiente, consumidor, ordem urbanística etc.).

O TAC, por sua vez, como o próprio nome sugere, visa garantir um direito ou um serviço público que se encontra insuficientemente satisfeito. Mais propriamente, esse instrumento consiste num compromisso firmado entre o Ministério Público e o gestor municipal, estadual ou federal para que este realize alterações necessárias para o exercício de um determinado direito, visando corrigir uma situação débil.

Durante a pesquisa, observou-se que a eleição de um ou outro instrumento não é trivial. Os membros do MP, ao compreenderem que as decisões em saúde devem primar pela celeridade, estabelecem expedientes e estratégias distintas para a utilização do TAC. Dentre os muitos exemplos na saúde, é possível destacar os seguintes:

a) no caso da estrutura do hospital que não tem leitos suficientes, faz-se um TAC através do qual o gestor se compromete, a partir de um certo período de tempo, a prover o número de leitos correspondente à demanda do hospital;
b) no caso de um posto de saúde que apresenta falta de medicamentos, faz-se um TAC através do qual o gestor se compromete, num determinado prazo, a obter uma quantidade de remédios suficiente.

O Termo de Ajustamento de Conduta ainda goza de força de *título executivo*, ou seja, caso não seja cumprido no prazo determinado pelo gestor, o Ministério Público pode propor uma ação no Judiciário na fase de execução, o que demanda consideravelmente menos tempo do que uma ação comum, pois dispensa a constituição de provas, as audiências para instrução do processo, a sentença de mérito etc.

De fato, os mecanismos processuais de que dispõem os membros do MP para operacionalizar suas estratégias são elementos definidores da relevância institucional que adquiriu o *Parquet* com a Constituição. Certamente, o reconhecimento legal de direitos sociais e coletivos possui uma implicação essencial: a possibilidade de judicialização de conflitos político-sociais.

Nesse sentido, as perspectivas de judicialização trabalham numa lógica de um MP proponente e um Judiciário centralizado. Com essa perspectiva, o papel do MP é situado como mera parte figurante no processo judicial. Entretanto, por meio do recurso ao diálogo, o MP desenvolveu uma outra estratégia, que preserva a juridicidade dos direitos – no caso, a saúde – sem necessariamente discuti-la no âmbito judicial. Tal estratégia permite que os diferentes atores sociais extrapolem a perspectiva formalista calcada na "letra da lei" para que, no interior de suas práticas cotidianas, estabeleçam consensos e negociações. Esse espaço de diálogo é o espaço da *autocomposição social*, preconizando que as formas extrajudiciais de resolução de conflitos devam envolver uma atuação conjunta e integrada que comporte três aspectos:

a) evitar ao máximo que um terceiro (o Judiciário) seja o mediador do conflito, de modo que não haja um veredicto, ou seja, não haja um terceiro que dirá qual parte detém a verdade;
b) estabelecer como objetivo não o alcance de uma *verdade*, mas sim de uma *solução* consensual para casos concretos;
c) permitir que os próprios atores realizem a resolução do conflito, de modo a ampliar a celeridade nas decisões.

Uma breve análise das Ações Civis Públicas propostas pelo MPE/RS, por exemplo, evidencia a relevância institucional da estratégia juridicizante. Entre os anos de 2000 a 2005, somente duas Ações Civis Públicas haviam sido propostas perante o Judiciário, ambas contra o Governo do Estado, e que contou com a participação de MPE e do MPF, bem como do Conselho Estadual de Saúde. No âmbito do MPF/RS, a recorrência de ações civis públicas é um pouco maior, mas mesmo assim a estratégia do diálogo é adotada como principal, sendo, inclusive, estratégia definida e aprovada para ser adotada pela Associação Nacional do Ministério Público em Defesa da Saúde (AMPASA).

De resto, as estratégias e atuações do MP na tutela coletiva da saúde têm se concentrado, majoritariamente, em pactos, negociações e consensos extrajudiciais. Inclusive, os próprios membros do MP reconhecem que, na área da saúde, por exemplo, a rapidez na solução dos problemas está diretamente relacionada à dinamicidade e à maleabilidade dos instrumentos de concretização de direitos.

Diante desse cenário, a utilização extrajudicial do Termo de Ajustamento de Conduta (TAC) tem sido preferível à da Ação Civil Pública. O TAC consiste num compromisso ajustado entre o membro do MP e o da gestão, de modo que se corrija uma situação débil ou se satisfaça alguma política de saúde. Nesse sentido, o TAC permite:

a) a *previsão* de quando será solucionado o problema (através de um prazo);
b) o conhecimento de *quem* o solucionará (através de quem assinou o termo);
c) a definição de *como* solucionará (medidas a serem tomadas no prazo para solucionar).

Portanto, a segurança de que o problema será resolvido conjugada à rapidez do processo decisório propicia ao TAC o "status" de estratégia mais recorrente de atuação do Ministério Público, pois confere maior certeza à garantia de um direito. No âmbito da saúde, o TAC reforça um novo tipo de responsabilidade, que consiste na *responsabilidade sanitária*, que se baseia fundamentalmente em estratégias dialógicas de efetivação do direito. Em muitos casos, participam desse processo de construção do diálogo os próprios conselhos participativos, tais como os Conselhos de Saúde.

Esse tipo de gestão auxilia na criação de sinergias e ambientes propícios no sentido da definição de prioridades para as soluções dos principais problemas de efetivação de direitos, sem perder o foco da *juridicização*. Os resultados da pesquisa permitiram supor que a *juridicização da política e das relações sociais* propicia a constituição de respostas concretas às necessidades de efetivação dos direitos por intermédio de uma *vontade comum*, que é pactuada com a convergência de diversos saberes e práticas. Esta *cogestão* se apresenta, por consequência, como um modo de gestão em equipe, próprio das sociedades democráticas, no qual o poder é compartilhado por meio de avaliações e decisões conjuntas, de modo a envolver os diferentes atores sociais que participam do processo.

Isso reconfigura e tensiona a própria perspectiva de *judicialização* e chama a atenção, de forma bastante clara, para as atuações extrajudiciais. O âmbito extrajudicial inaugura e confere realce a outros personagens que, em virtude de suas estratégias de ação, são decisivos na efetivação de direitos sociais. No âmbito dessas novas esferas estatais, sobretudo na *juridicização*, as demais instituições jurídicas e sociais desempenham papel fundamental pelo menos em cinco dimensões:

– se num contexto de *judicialização*, o Judiciário é chamado a *decidir* no sentido da resolução definitiva de um determinado conflito; num contexto de *juridicização* predomina a ideia de *consenso pelo diálogo*, ou seja, a ênfase num processo de negociação, pactuação e concessão recíproca entre os diversos atores cujo resultado é construído consensualmente;

– o que está em pauta num contexto de *judicialização* é o monopólio do poder de legislar; ao passo que num contexto de *juridicização* também se objetiva estabelecer estratégias de execução pró-ativa de políticas públicas, de modo a consolidar recursos, diretrizes e compromissos a serem implementados num dado tempo pactuado;

– a *judicialização* da política possibilita a proeminência do Judiciário na definição de direitos sem incorporar critérios sociais substantivos, pois pode configurar uma relação entre Judiciário e Estado de moldes providenciais; ao passo que na perspectiva de *juridicização* a incorporação da sociedade civil se constitui como pressuposto para a formulação de consensos que sejam efetivamente plurais;

– num contexto de *judicialização* da política, cujo principal indicador no Brasil é o controle de constitucionalidade, há uma ampliação da comunidade de intérpretes, porém ainda muito restrita aos órgãos de cúpula, tais como o Supremo Tribunal Federal e os Tribunais Superiores; ao passo que num contexto de *juridicização* se observa uma maior pluralidade de atores e instituições no processo de interpretação constitucional, que não se restringe somente à interpretação oficial, geral ou abstrata de um tribunal;

– num contexto de *judicialização*, se observam demandas que chegam a um Judiciário sob forte influência do princípio da separação de poderes e da adesão ao direito sob forma de códigos; ao passo que num contexto de *juridicização* se observa um cenário que busca, por princípio, considerar as especificidades dos contextos em que as demandas estão inseridas para estabelecer estratégias mais efetivas para a satisfação de tais demandas.

Com isso, num contexto em que o Judiciário adquire proeminência, o Ministério Público e a Defensoria Pública têm sido verdadeiros *atores de bastidores*, que auxiliam aquele poder no momento de produção da decisão. Além disso, é essa possibilidade de atuar de forma independente ao Judiciário que permite a proeminência e o destaque destas instituições no campo do direito, ganhando relevo os instrumentos extrajudiciais. Tão importante quanto o estudo dos *fins* de uma ação judicial é o dos *meios* utilizados pelas diversas instituições para efetivar direitos.

5.4. Direito e linguagem na dinâmica judicial

Por fim, resta-nos debruçar de forma mais minuciosa sobre a dinâmica judicial e os pressupostos de desenvolvimento de um processo no interior do Judiciário. Já analisamos a lógica de desenvolvimento e funcionamento das instituições jurídicas, com especial enfoque no Judiciário, Ministério Público e Defensoria Pública. Cumprida essa discussão, cumpre agora refletir sobre como se desenvolve a argumentação no interior de uma dinâmica judicial, buscando evidenciar limites e desafios que se apresentam ao argumentador.

Essa dinâmica pressupõe a existência de uma linguagem específica. Como a dinâmica judicial está inserida num campo próprio – o direito –, observa-se que para o indivíduo transitar em seu interior deve também adotar a linguagem própria do campo. Como visto, a linguagem nasceu da necessidade humana de expressão e comunicação, e no direito não poderia ser diferente. O argumentador deve possuir um controle mínimo a respeito da linguagem jurídica, que possui peculiaridades bastante próprias.

De uma maneira introdutória, afirma-se que a linguagem do direito é conceitual. Nesse sentido, o direito opera em termos de conceitos que são fundamentais na aplicação da norma jurídica ao fato concreto. Como desdobramento, é possível sustentar as seguintes estratégias que devem ser consideradas pelo bom argumentador:

a) *deve-se buscar conferir às palavras um sentido direto e não figurado*: a linguagem do direito pressupõe a literalidade, então deve-se evitar a utilização de palavras polissêmicas, ou seja, que comportem muitos significados;
b) *deve-se evitar o uso de analogias e metáforas*: em muitos casos, a analogia e a metáfora não são compreendidas pelo interlocutor, ainda mais se contiverem algum grau de ironia;
c) *deve-se evitar o uso de palavras carregadas de múltiplos sentidos*: a estratégia deve se concentrar em fazer com que cada palavra tenha sentido próprio e que seu sentido vincule-se ao contexto no qual a palavra é empregada;
d) *deve-se buscar convencer e persuadir por meio de argumentos, raciocínios e provas*: não basta simplesmente alegar fatos, normas ou apresentar provas, pois a atividade argumentativa pressupõe a exposição de forma original, criativa e convincente desses elementos.

Cabe, aqui, uma classificação realizada de forma interessante por Lincoln Antonio de Castro. Segundo esse autor, num processo judicial é possível observar, essencialmente, três momentos em que atores distintos realizarão papéis fundamentais para a resolução da lide. Assim, em qualquer dinâmica judicial, é possível observar três momentos cruciais, que são protagonizados por três atores distintos:

a) o *autor*, que formula uma *tese* a respeito de um determinado fato ocorrido na realidade, que guarda relação com as normas jurídicas;
b) o *réu*, que apresenta uma *antítese* ao alegado pelo autor de maneira contrafactual, que também guarda relação com as normas jurídicas;
c) o *julgador*, que formula uma *síntese* a partir do que foi construído nos momentos anteriores como uma verdade processual.

Os atos processuais praticados pelo autor e pelo réu são discursos que se contrapõem como tese e antítese, respectivamente. Os atos das partes consistem em declarações unilaterais ou bilaterais de vontade, visando à produção dos efeitos de constituir, modificar ou extinguir direitos processuais. Trata-se de postulações das partes, que são fundamentadas em alegações ou argumentos que exigem prova da sua veracidade de forma racional.

A atuação desses atores no interior do processo possui lógicas distintas, assim como os instrumentos através dos quais eles se manifestarão possuem regramentos e especificidades que não necessariamente coincidem. Isso gera desafios que se apresentam nos três momentos, e o argumentador, em ampla medida, transita entre esses momentos, seja como parte, seja como defensor e, até mesmo, como parte contrária que busca antever argumentos da outra parte. Mais importante do que compreender a lógica de funcionamento desses momentos é compreender seus limites e desafios para o argumentador.

5.5. Tese: o momento de postulação do autor

A TESE é representada pela demanda do autor. Trata-se de um ato jurídico processual mediante o qual o autor manifesta um pleito com o objetivo de obter uma determinada tutela jurisdicional. Com isso, ao se apresentar a demanda, inicia-se o exercício do direito de ação por meio da petição inicial.

O regramento a respeito da apresentação da tese, assim como da antítese e da síntese, está estipulado nas legislações processuais brasileiras, sejam elas cíveis, administrativas ou criminais. Da mesma forma, há detalhes específicos de cada uma dessas dimensões que fogem ao escopo deste livro.

Basicamente, o autor deve indicar, no ato da demanda, as provas com que pretende demonstrar a verdade dos fatos alegados. Assim, tão importante quanto alegar fatos à luz do direito é também se munir de provas contundentes e convincentes a respeito do que se alega. Isso faz com que o momento da tese seja fundamental para o desenvolvimento do processo, na medida em que o que será contestado e o que será decidido terá como base os pedidos e as alegações presentes na petição inicial.

Para o bom argumentador, é fundamental compreender os limites e desafios de formular uma boa tese. Essa atividade é fortemente complexa e deve observar algumas questões mais delicadas para que tenha sucesso, a exemplo das seguintes:

a) *afastar/aproximar a verdade real da verdade processual*: nem sempre o que efetivamente ocorreu é possível reconstruir no interior do processo, sobretudo porque depende de mecanismos de provas, convencimento do juiz, argumentação convincente etc.;
b) *conhecer minimamente as normas que resguardam o pleito da petição inicial*: é importante que o autor conheça minimamente as leis, entendimentos jurisprudenciais e regras de procedimento que incidirão no desenvolvimento do processo;
c) *compreender os mecanismos de apresentação de provas*: é importante saber o momento certo e juridicamente possível de apresentação de provas, inclusive deve-se saber quais provas são de ônus próprio e quais são de ônus do réu. No direito penal, por exemplo, o ônus da prova é de quem acusa. Já no direito do consumidor, por exemplo, ocorre a inversão do ônus da prova, de modo que o ônus caiba ao réu;
d) *expor a argumentação na petição inicial com absoluta clareza*: uma petição inicial clara, concisa e "sob medida" é fundamental para o sucesso da argumentação. Uma boa petição não é exagerada, não é maior do que deveria. A petição deve ser sob medida, até porque o julgador possui milhares de processos em sua mesa, portanto é preciso chamar sua atenção para pontos cruciais e não cansá-lo ou dispersá-lo ao longo da leitura. Uma petição de Juizado Especial Cível deve ter cerca de cinco ou seis páginas, ao passo que uma petição em Vara Criminal exige um tamanho um pouco maior.

Essa sensibilidade é fundamental, então é importante não concentrar muitas informações em apenas uma página, sendo necessário fazer parágrafos com poucas linhas e grifos e/ou sublinhados em pontos fundamentais do argumento. Se desejado, os argumentos podem ser numerados para guiar a leitura do julgador. Em suma, a petição deve ser limpa, legível e confortável de ler. Não é necessária a artimanha retórica ou o uso excessivo de metáforas, pelo contrário. O que é verdadeiramente fundamental é demonstrar conhecimento no embate argumentativo.

5.6. Antítese: desafios relacionados à defesa do réu

A ANTÍTESE é representada pela contestação do réu. Trata-se de um ato jurídico processual através do qual o réu manifesta seu pleito com o objetivo de resistir à pretensão do autor veiculada por meio da demanda constante da petição inicial. Com isso, ao se apresentar a contestação, respeita-se o contraditório na formulação dos principais argumentos que serão apreciados pelo julgador.

Como visto, o regramento a respeito da apresentação da antítese está estipulado nas legislações processuais brasileiras, sejam elas cíveis, administrativas ou criminais. Na contestação, o réu deve alegar toda a matéria de defesa, expondo as razões de fato e de direito através das quais impugna o pedido do autor. Além disso, o réu também deve especificar as provas que pretende produzir ao longo do processo. Assim, mediante a contestação cabe ao réu manifestar-se precisamente sobre os fatos narrados pelo autor, sob pena de se presumirem verdadeiros os fatos não impugnados.

Para o bom argumentador, é fundamental compreender os limites e desafios de formular uma boa antítese. Essa atividade é fortemente complexa e deve observar algumas questões mais delicadas para que tenha sucesso, a exemplo das seguintes:

a) *afastar/aproximar a verdade real da verdade processual*: como visto, nem sempre o que efetivamente ocorreu é possível reconstruir no interior do processo, sobretudo porque depende de mecanismos de provas, convencimento do juiz, argumentação convincente etc.;

b) *conhecer minimamente as normas que resguardam o pleito da contestação*: assim como o autor, é fundamental que o réu conheça minimamente as leis, entendimentos jurisprudenciais e regras de procedimento que incidirão no desenvolvimento do processo;

c) *compreender os mecanismos de apresentação de provas*: é igualmente importante saber o momento certo e juridicamente possível de apresentação de provas, inclusive deve-se saber quais provas são de ônus próprio e quais são de ônus do autor;

d) *expor a argumentação na contestação com absoluta clareza*: uma contestação clara é fundamental para o sucesso da argumentação. Deve, porém, possuir um tamanho maior do que a petição inicial, justamente porque se exige do réu um maior esforço argumentativo para convencer o juiz da improcedência do pedido da inicial. De qualquer forma, uma boa contestação não pode ser exagerada, devendo-se adequá-la ao procedimento em que tramita (Juizado, Vara Cível, Vara de Fazenda Pública etc.). Essa sensibilidade é fundamental, então é igualmente importante não concentrar muitas informações em apenas uma página, sendo necessário fazer parágrafos com poucas linhas e grifos e/ou sublinhados em pontos fundamentais do argumento. Se desejado, os argumentos podem ser numerados para guiar a leitura do julgador. Em suma, a contestação deve ser limpa, legível e confortável de ler. Não é desejável a artimanha retórica ou o uso excessivo de metáforas, pelo contrário. Assim como na petição, na contestação o que é verdadeiramente fundamental é demonstrar conhecimento no embate argumentativo;

e) *contestar todos os pedidos realizados pelo autor*: caso algum dos pedidos realizados pelo autor não seja contestado, ocorre a presunção de veracidade de tal pedido. Tal presunção não vincula o juiz, que possui independência funcional para decidir. Porém, caso não haja a contestação de algum dos pedidos, possivelmente essa omissão produzirá consequências negativas ao réu no momento da síntese;

f) lidar com o problema dos antecedentes de condenação: não é raro observar que julgadores, uma vez tendo conhecimento de que o réu já fora condenado outras vezes, assumam que, naquele caso concreto, o réu provavelmente cometeu novo ilícito. O problema dos antecedentes é mais visível na seara penal, em que o réu se apresenta como reincidente. Mas isso não quer dizer que não ocorre na área cível quando o réu é uma empresa de telefonia, prestadora de serviços etc. Isso torna a atividade de argumentação ainda mais desafiadora.

5.7. Síntese: mecanismos e lógicas de decisão

A SÍNTESE consiste no momento posterior à tese e à antítese, representada pela sentença do juiz. Cabe ao órgão judicial, mediante provimentos (despacho, decisão interlocutória ou sentença), promover o desenvolvimento regular e a conclusão do processo, visando à prestação da tutela jurisdicional. Trata-se de um ato jurídico processual através do qual o juiz manifesta a sua decisão com base no seu livre convencimento pelo que foi apresentado pelas partes. Sabe-se que a jurisdição visa à aplicação da norma jurídica ao caso concreto, de modo a solucionar uma lide, ou seja, um conflito de interesses qualificado por uma pretensão resistida.

Essa síntese – a sentença – se apresenta na forma de um silogismo, que se opera a partir da conjugação entre normas e fatos. Mais especificamente, a premissa maior é norma jurídica e a premissa menor consiste na situação de fato. Considerando ambas as premissas, é possível extrair, como conclusão, a aplicação da norma legal à situação de fato.

Cabe ao juiz apreciar livremente as provas, tendo em conta os fatos e as circunstâncias contidas nos autos do processo, ou seja, a verdade processual. Apesar de ser livre o convencimento, é imperioso que o juiz indique, na motivação ou fundamentação da sentença, os motivos que lhes permitiram formar o convencimento. Esses motivos devem ser evidenciados de forma racional, bem argumentada e respaldada juridicamente.

Cumpre ainda ressaltar que as provas possuem o mesmo grau de eficácia. Na medida em que o que se objetiva é o convencimento pessoal do juiz, nenhuma prova, por si só, é mais importante do que qualquer outra. Não há hierarquia entre as provas; é o caso concreto que determinará, a partir do convencimento pessoal do juiz, qual prova deve prevalecer. Da mesma forma, não basta o mero raciocínio do juiz, cabendo-lhe fundamentar sua interpretação com a demonstração da exatidão da sua convicção, ganhando relevo o papel da argumentação e, consequentemente, da linguagem.

Para o bom argumentador, é fundamental compreender os limites e desafios de formular uma boa síntese. Essa atividade é fortemente complexa e deve observar algumas questões mais delicadas para que tenha sucesso, a exemplo das seguintes:

a) analisar a verdade real à luz da verdade processual: o julgador pode encontrar dificuldade em compreender a verdade real com base nas declarações do réu e do autor, afinal o juiz não estava presente na hora do fato e não sabe o que efetivamente ocorreu. Assim, o julgador lida com contradições ao longo de todo o processo. Não é raro observar que a instrução do processo ocorreu de forma equivocada, até por culpa das próprias partes. Assim, o processo é construído a partir de imprecisões e somente a partir de um embate persuasivo de argumentos é que se pode chegar a uma decisão, a qual não necessariamente corresponderá à verdade real. Com isso, tão importante quanto a decisão final em si é o processo de construção da verdade processual;

b) expor a argumentação na síntese com absoluta clareza: uma síntese clara é fundamental para o sucesso da argumentação, inclusive para evitar determinados recursos, tais como os embargos de declaração. De qualquer forma, uma boa síntese não pode ser exagerada, devendo ser constituída "sob medida". Essa sensibilidade é fundamental, então é igualmente importante não concentrar muitas informações em apenas uma página, sendo necessário fazer parágrafos com poucas linhas e grifos e/ou sublinhados em pontos fundamentais do argumento. Se desejado, os argumentos podem ser numerados para guiar a leitura do julgador. Em suma, a síntese também deve ser limpa, legível e confortável de ler. Não é necessária a artimanha retórica ou o uso excessivo de metáforas, pelo contrário. Assim como na petição e na contestação, o que é verdadeiramente fundamental é demonstrar conhecimento no embate argumentativo;

c) analisar e julgar todos os pedidos realizados pelo autor e pelo réu: sob pena de embargos de declaração, o juiz não pode se abster de julgar os pedidos realizados pelo autor em sede de petição inicial ou pelo réu em sede de contestação. Isso encontra fundamento constitucional no art. 5º, XXXV, que prevê que não se poderá excluir do Judiciário lesão ou ameaça a direito;

d) lidar com a questão do excesso de processos: como se sabe, o problema do excesso de processos, sobretudo a partir da explosão de litigiosidade da década de 1980, tem ocasionado a morosidade no trâmite judicial. É importante que o julgador saiba lidar com essa questão, até para que não fundamente erroneamente determinadas decisões que porventura realize nos processos sob sua competência;

e) preservar a imparcialidade: a imparcialidade é um ideal que deve ser preservado sempre, porém em alguns contextos é possível que essa imparcialidade seja abalada, tais como nos casos midiáticos e nos casos de reincidência do réu. Ao julgador cabe se distanciar da impressão inicial dos fatos para que possa aplicar o direito com isenção.

QUESTÕES PARA REFLEXÃO

1. Quais os princípios básicos que regem a atuação do Judiciário? Explique com exemplos.
2. Estabeleça e explique duas críticas relativas ao funcionamento do Judiciário no Brasil.
3. O que significa a expressão *judicialização da política e das relações sociais*? Disserte sobre alguns de seus pressupostos.
4. Em que sentido é possível sustentar que, na atualidade, ocorre uma *invasão do Direito sobre o social?*
5. Quais transformações jurídicas no contexto brasileiro permitiram a proeminência do Judiciário?
6. Explique de forma fundamentada a seguinte assertiva: "num contexto *welfareano* em que há uma pluralidade de normas de eficácia plena e programática que visam, em algum grau, impor um dever de agir ao Executivo, o Judiciário tem sido cada vez mais acionado para resolver conflitos, efetivar direitos e implementar políticas públicas".
7. Diferencie a judicialização da política da judicialização das relações sociais.
8. O que significa a afirmação de que saímos de uma *debilidade do judiciarismo* para uma *judicialização da vida*?
9. Em que consistem as funções essenciais da justiça? Responda de forma fundamentada com dois exemplos.

10. Por que o Ministério Público é uma função essencial à justiça? E a Defensoria Pública?
11. Quais as características do MP brasileiro que o diferencia dos MPs de outros países?
12. Disserte sobre as principais garantias institucionais do MP no Brasil.
13. Qual a função institucional da Defensoria Pública?
14. O que significa dizer que a Defensoria presta assistência jurídica, e não somente judicial?
15. Explique de forma fundamentada uma das críticas à perspectiva teórica da judicialização da política e das relações sociais.
16. Em que consiste a ideia de *juridicização da política e das relações sociais*?
17. Busque elencar e explicar dois exemplos de atuação extrajudicial das instituições jurídicas.
18. Explique de forma fundamentada a seguinte afirmação: "a *juridicização da política e das relações sociais* propicia a constituição de respostas concretas às necessidades de efetivação dos direitos por intermédio de uma *vontade comum*, que é pactuada com a convergência de diversos saberes e práticas".
19. De que forma é possível relacionar o direito e a linguagem, sob o prisma da argumentação jurídica?
20. Disserte sobre algumas estratégias de linguagem que o argumentador deve adotar no campo do direito.
21. Explique brevemente os três momentos elementares de uma dinâmica judicial.
22. Quais os desafios e limitações de formular uma boa tese? E uma boa antítese? E uma boa síntese?

INDICAÇÃO DE FILMES

1) ***Justiça***

Ano: 2004

Duração: 104 minutos

Diretor: Maria Augusta Ramos

Descrição: Trata-se de um documentário brasileiro com cenas reais filmadas no Tribunal de Justiça do Estado do Rio de Janeiro. Integra o filme uma série de audiências criminais, em que os acusados, respondendo pelos mais variados crimes, enfrentam desafios na formulação de antíteses. O documentário ainda demonstra os desafios notáveis de formar provas no processo penal, e como a verdade processual, em muitos casos, não corresponde à verdade real.

2) ***Minority report – A nova lei*** *(Minority report)*
Ano: 2002
Duração: 137 minutos
Diretor: Steven Spielberg
Descrição: O filme se inicia com uma cena provocante. Um homicídio está prestes a ocorrer; a polícia sabe disso e corre contra o tempo para conseguir prender o homicida antes do cometimento do crime. O filme é futurista, passando em 2054, em que John Anderson chefia um programa de prevenção a crimes, que funciona a partir de um sistema de predição de três videntes (*precogs*). Ao longo da trama, desvenda-se um sistema de manipulação e de incerteza no que concerne à possibilidade de prever crimes e autores de crimes. A última cena é o encontro de John com Lamar, o manipulador, que, armado, aponta o revólver para John. Lamar tem a opção de matar ou não John. Se matar, a previsão dos videntes se confirmará, mas Lamar será preso. Porém, se não cometer o homicídio previsto, Lamar revelará a falha do sistema de previsão. Lamar então exerce a opção de cometer o suicídio.

3) ***Regras do jogo*** *(Rules of engagement)*
Ano: 2000
Duração: 128 minutos
Diretor: William Friedkin
Descrição: Um coronel (Childers) é processado perante uma corte marcial por sua atuação em um incidente ocorrido no Oriente Médio. Childers havia ordenado, no Iêmen, que seus subordinados atirassem contra uma massa de manifestantes, ocasionando a morte de dezenas de civis. O processo vai se desenvolvendo a partir da valoração dos elementos de prova apresentados. De fato, não havia qualquer prova, salvo a palavra de Childers, da existência de pessoas atirando no meio da multidão. Assim, com a ajuda de seu advogado, Childers é absolvido do crime de homicídio e condenado por um crime menor: quebrar a paz.

4) ***Testemunha de acusação*** *(Witness for the prosecution)*
Ano: 1957
Duração: 116 minutos
Diretor: Billy Wilder
Descrição: O filme baseia-se num texto de Agatha Christie. O personagem central é um advogado (Wilfrid Robarts) que, apesar de estar se recuperando de um ataque cardíaco, aceita patrocinar o caso de um homem (Leonard Vole) acusado de homicídio. Vários indícios apontam para a culpa de Vole, sendo seu único álibi o fato de, às 10 horas da noite, estar em casa desde 9:30 acompanhado de sua esposa (Cristine). Robarts encontra posteriormente cartas de Cristine a um amante buscando incriminar Vole, que é absolvido. O filme evidencia os desafios da tese, antítese e síntese, sobretudo no que concerne à construção da verdade processual.

VI

Considerações finais: como transitar no mundo do direito?

ARGUMENTAR NÃO É trivial, sobretudo no mundo do direito. Ao longo dos capítulos, buscou-se fornecer parâmetros práticos para uma maior operacionalização da argumentação no mundo do direito, com enfoque especial no Brasil, bem como o estímulo ao aperfeiçoamento de técnicas de construção de textos e sustentações persuasivas. Além disso, buscou-se demonstrar os principais tipos de argumento para que sejam facilmente utilizados na composição de peças jurídicas, discursos, palestras, comunicações etc. Por essa razão, o livro constituiu fundamentos para a avaliação da própria capacidade de persuasão, com o objetivo de que cada leitor possa desenvolver em si as virtudes argumentativas que lhes sejam de maior proveito.

Os pressupostos da argumentação são essenciais nesse processo, pois partem do princípio de que não existem regras fixas para o sucesso num contexto argumentativo. A contingência, o imprevisto e a habilidade de pensar alternativas são questões que incidem em qualquer argumento. Por isso, é fundamental ao argumentador assumir-se como protagonista de seu próprio argumento, e não como um mero reprodutor de opiniões já existentes, sem qualquer senso crítico.

Assim, exige-se que o argumentador potencialize seus atributos individuais a todo momento, e isso não é uma tarefa fácil. Existem atributos genéricos (postura crítica, interdisciplinaridade e capacidade analítica) e específicos (criatividade, paradigmas, autoestima, comunicação etc.), que, se desenvolvidos de forma apropriada, permitem a ampliação da possibilidade de sucesso no mundo do direito.

Porém, o desenvolvimento e potencialização desses atributos não garante o sucesso na argumentação. Para transitar no mundo do direito, é fundamental compreender as normas jurídicas que vigem em seu campo. Daí a necessidade de compreender o que são regras e princípios, o que fazer no caso de conflito de normas, quais estratégias de negociação adotar e, ainda, quais as características do ordenamento jurídico brasileiro. É fundamental estabelecer uma reflexão sobre os conflitos e estratégias de negociação e consenso no direito, além de refletir os limites da hermenêutica jurídica para a argumentação.

Da mesma forma, o conhecimento acerca das instituições jurídicas e a sua dinâmica de funcionamento é imprescindível. As instituições possuem lógicas próprias de funcionamento e pressupostos específicos de desenvolvimento. Portanto, ao argumentador cabe buscar aproximar-se e conhecer as instituições jurídicas no Brasil em contextos de judicialização e juridicização. Além disso, é impositivo compreender os limites e desafios inerentes à formulação de uma boa tese, antítese e síntese. Esses são três momentos de uma dinâmica judicial que certamente oferecem desafios ao argumentador.

Como dito, não há argumentos perfeitos, então todo recurso argumentativo que se utiliza possui falhas e problemas. O livro buscou justamente fornecer elementos para que o leitor proteja as falhas de seu próprio argumento, que, por definição, é sempre insuficiente. Como salientado, não se tratou de fornecer um passo a passo para o alcance do argumento perfeito, uma vez que este é impossível num contexto de ausência de verdades universais. Pelo contrário, buscou-se fornecer parâmetros e diretrizes básicas de "trânsito" no mundo do direito, de modo a reforçar que, diante da existência inevitável de argumentos falhos, o bom argumentador deve adotar uma atitude crítica e protetiva em relação a seu próprio argumento. Ao leitor, três palavras finais: *reflita*, *critique* e *inove*.

nosso trabalho para atendê-lo(la) melhor e aos outros leitores.
Por favor, preencha o formulário abaixo e envie pelos correios.
Agradecemos sua colaboração.

Seu Nome: ______________________________

Sexo: ☐ Feminino ☐ Masculino CPF: ______________

Endereço: ______________________________

E-mail: ______________________________

Curso ou Profissão: ______________________________

Ano/Período em que estuda: ______________________________

Livro adquirido e autor: ______________________________

Como ficou conhecendo este livro?

☐ Mala direta ☐ E-mail da Elsevier
☐ Recomendação de amigo ☐ Anúncio (onde?) ______________
☐ Recomendação de seu professor?
☐ Site (qual?) ______________ ☐ Resenha jornal ou revista
☐ Evento (qual?) ______________ ☐ Outro (qual?) ______________

Onde costuma comprar livros?

☐ Internet (qual site?) ______________________________
☐ Livrarias ☐ Feiras e eventos ☐ Mala direta

☐ Quero receber informações e ofertas especiais sobre livros da Elsevier e Parceiros

Qual(is) o(s) conteúdo(s) de seu interesse?

Jurídico - ☐ Livros Profissionais ☐ Livros Universitários ☐ OAB ☐ Teoria Geral e Filosofia do Direito

Educação & Referência - ☐ Comportamento ☐ Desenvolvimento Sustentável ☐ Dicionários e Enciclopédias ☐ Divulgação Científica ☐ Educação Familiar ☐ Finanças Pessoais ☐ Idiomas ☐ Interesse Geral ☐ Motivação ☐ Qualidade de Vida ☐ Sociedade e Política

Negócios - ☐ Administração/Gestão Empresarial ☐ Biografias ☐ Carreira e Liderança Empresariais ☐ E-Business ☐ Estratégia ☐ Light Business ☐ Marketing/Vendas ☐ RH/Gestão de Pessoas ☐ Tecnologia

Concursos - ☐ Administração Pública e Orçamento ☐ Ciências ☐ Contabilidade ☐ Dicas e Técnicas de Estudo ☐ Informática ☐ Jurídico Exatas ☐ Língua Estrangeira ☐ Língua Portuguesa ☐ Outros

Universitário - ☐ Administração ☐ Ciências Políticas ☐ Computação ☐ Comunicação ☐ Economia ☐ Engenharia ☐ Estatística ☐ Finanças ☐ Física ☐ História ☐ Psicologia ☐ Relações Internacionais ☐ Turismo

Áreas da Saúde - ☐ Anestesia ☐ Bioética ☐ Cardiologia ☐ Ciências Básicas ☐ Cirurgia ☐ Cirurgia Plástica ☐ Cirurgia Vascular e Endovascular ☐ Dermatologia ☐ Ecocardiologia ☐ Eletrocardiologia ☐ Emergência ☐ Enfermagem ☐ Fisioterapia ☐ Genética Médica ☐ Ginecologia e Obstetrícia ☐ Imunologia Clínica ☐ Medicina Baseada em Evidências ☐ Neurologia ☐ Odontologia ☐ Oftalmologia ☐ Ortopedia ☐ Pediatria ☐ Radiologia ☐ Terapia Intensiva ☐ Urologia ☐ Veterinária

Outras Áreas - ______________________________

Tem algum comentário sobre este livro que deseja compartilhar conosco?

____

* A informação que você está fornecendo será usada apenas pela Elsevier e não será vendida, alugada ou distribuída por terceiros sem permissão preliminar.

Este livro foi impresso nas oficinas gráficas da Editora Vozes Ltda.,
Rua Frei Luís, 100 – Petrópolis, RJ,